고승 82인 설법집

名설법 名법문

(II)

弘法院

고승 82인 설법집

名설법 名법문

(II)

弘法院

간행의 말씀

"불자들이여, 이제 전법傳法의 길을 떠나라. 모든 사람의 이익과 행복을 위하여 두 사람이 한 길로 가지 말라. 설법은 처음도 좋고, 끝도 좋게 하라."

잡아함경 39 · 16에 있는 말씀입니다.

부처님께서 깨달으신 후 제자들에게 부촉한 전법선언傳法宣言은 오늘 날 한국 불교가 해야 할 일이 무엇인가를 단적으로 일깨워 주신 교훈입니다.

한 사람이라도 더 많이 불법佛法을 전하기 위해 '두 사람이 한 길로 가지 말라' 고 까지 당부하신 부처님의 간곡한 뜻을 우리는 충분히 헤아릴 수 있습니다.

그러나 불행하게도 한국불교의 현실은 부처님의 '전법선언 정신' 이 어느 때 보다 위축되어 있습니다. 특히 해방 이후 서구종교의 폭발적인 교세확장과 무분별한 전도 활동으로 인해 불교는 상대적으로 깊은 좌절과 침체의 늪에 빠져 있음은 부인할 수 없습니다. 심하게 표현하면 그나마 있던 불자마저도 타종교에 빼앗기고 불교자체의 존립마저도 위태로울지 모르는 상황입니다.

이 같은 상황이 도래한데는 그럴만한 이유가 있습니다. 그동안 우리들의 신행자세를 돌아보면 조탑조사造塔造寺와 불공만이 최고의 공덕이라고 믿어온 것이 사실입니다. 그러다보니 종교의 생명이라 할 '전법의 사명'은 소홀하게 되었습니다.

수많은 경전은 이렇게 가르치고 있습니다.

"만약 선남자 선녀인이 칠보七寶로 삼천대천계를 장엄하고 제불보살께 공양 예배하는 공덕보다도 부처님 말씀 가운데 한마디 사구게四句偈를 다른 사람에게 전해주는 공덕이 더욱 크다." 하였습니다.

전법傳法은 곧 불자가 공덕을 쌓는 가장 뛰어난 길이며, 그것은 바로 불자의 사명이라 하겠습니다. 부처님의 말씀을 전하는 사람은 반드시 법사法師만이 아닙니다. 모든 불자가 전법에 나서라는 것이 부처님의 유촉입니다.

바라건데 전국의 모든 사암에서 매주 1회 이상 대중을 위한 설법회를 의무적으로 시행할 수 있도록 종단차원에서 법을 제정해 실시한다면 포교는 크게 활성화되리라 믿습니다.

홍법원이 문서포교를 시작한지 40년을 맞이하여 한국불교를 빛내주신 근현대 고승인 경허 · 용성 · 만공 · 전강 · 성철스님 등 여러 선지식과 원로 대덕 큰스님 235인의 법문원고를 모아 법어집(5권)을 간행하게 되었습니다. 〈고승법어〉 3권의 차례는 생년월일 순에 따랐고, 〈名설법名법어〉 2권은 법명의 가나다순으로 정하였습니다.

그리고 〈名설법名법어〉의 원고는 1987년 4월부터 1990년 2월까지 3년간 불교신문에 연재됐던 「설법」과 최근에 수집한 원고를 추가하여 출간하였습니다.

지면관계상 더 많은 스님들의 법어를 실지 못한 것을 아쉬워하면서 아무쪼록 이 법어집이 큰스님들의 진면목眞面目에 한 점 허물도 없기를 간절히 바랍니다.

이 법어집을 통해 여러 스님들과 법사님들께서 설법자료로 활용해 주신다면 어둔 밤길을 밝혀줄 한 줄기 큰 횃불이 되리라고 확신합니다.

끝으로 이 책이 나오기까지 격려와 지원을 해 주신 원로대덕스님과 각 문도회 여러분 그리고, 문서포교를 위해 재정적 지원을 해 주신 범종사 김철오 회장님께 지면을 빌어 깊은 감사를 드립니다.

불기 2551년 4월

홍법원 대표 길상 합장

차례

永煥

1948년 출생
1964년 범어사에서 동산스님을 은사로 득도
1982~3년 총무원 교무국장 · 총무국장
1984년 금정학원 이사 · 원효학원 이사
1994년 금정학원 이사장
1996년 범어사 부주지
양산군 장안읍 백련암 주지

시간의 소중함

인생은 유한합니다. 누구든 정해진 시간의 삶만 허락받고 있을 뿐입니다.

살아있는 시간은 어떤 금력이나 권력과도 바꿀 수 없을 만큼 고귀합니다. 인생이 소중한 것은 누구도 시계바늘을 거꾸로 돌릴 수 없기 때문입니다.

인생이란 어떻게 보면 유구한 시간의 흐름 속에 조그만 점에 불과한 것입니다. 그러나 우리가 살아있는 동안 어떻게 살았느냐는 인생의 가치를 소중하게도 하고 허무하게도 합니다.

문제는 자신에게 부여된 시간을 얼마나 개인과 가족과 사회를 위해 요긴하게 사용 했느냐에 있습니다.

우리가 활동하는 순간만이 아니라 잠들어 있는 순간에도 시간은 흐릅니다. 그 시간을 헛되이 보내는 것은 자신의 인생에 파멸을 초래할 뿐만 아니라 그가 속해있는 사회와 역사의 발전에까지도 장애요인이 됩니다.

그런 뜻에서 지금 우리는 주어진 시간을 어떻게 보내고 있는지 조용히 반성해 볼 필요가 있습니다.

독일의 철학자 칸트는 일상생활이 시계바늘처럼 정확했던 것으로 유명한 사람입니다. 동네 사람들은 그가 산보하는 것을 보고 시간을 알았을 정도입니다. 그래서 사람들은 그 시간을 「칸트타임」이라고 불렀다고 합니다.

어느날은 취침시간이 몇분 빠르다고 침대 주변을 서성거렸다는 에피소드도 전해지고 있습니다.

이와는 반대로 프로이드는 시간의 흐름을 잊고 한가지 일에 몰두한 것으로 유명합니다. 어느날 그는 제약회사에서 코카인을 구해 가지고 오던 중 그것이 국소局所마비에 쓰여짐을 알고 연구삼매에 빠져버렸습니다.

그에게는 약혼녀가 있었는데 그녀와는 한달에 한번씩 만나기로 약속돼 있었습니다.

프로이드는 그 약속 마저도 잊고 연구에 몰두 하다가 문득 약혼녀가 생각나 약속장소에 나가보니 벌써 5년이 지난 뒤였습니다. 물론 그녀는 기다리고 있지 않았습니다.

이 에피소드는 시간에 관한 상반된 이야기지만 우리에게 느끼게 해주는 바가 많습니다. 즉 위대하고 성공적인 삶을 산 사람일수록 그들은 시간을 절제있고 유효적절하게 사용했다는 사실입니다. 시간을 허송한 사람치고 인생을 성공으로 이끈 사람은 아무도 없었습니다.

시간의 신속함과 허무함을 불교처럼 강조하는 종교는 없습니다. 부처님께서 〈열반경〉에서 하신 말씀은 우리의 가슴을 칩니다.

"성盛한 것은 반드시 쇠함이 있고 만난것은 반드시 흩어지는 때가 있다. 장년壯年은 오래 멈추지 않고 성색盛色은 병침病侵을 입게 마련이다."

또한 〈금강경〉의 한 구절도 적절한 데가 있습니다.

"모든 것은 항상하지 않고 변한다. 이것이 세상의 이치다.
諸行無常 是生滅法"

부처님은 허무함만을 강조하기 위해 이런 말씀을 한 것이 결코 아닙니다. 무상살귀無常殺鬼가 한시도 쉬지않고 우리를 뒤쫓고 있다면, 살아 있는 동안 인생이 해야 할 일은 무엇이겠습니까? 그것을 일깨우기 위해서입니다.

다시말해 시간을 아무 의미도 없는 곳에 탕진해 버리지 말라는 것이 부처님의 가르침인 것입니다.

시간은 조금도 우리를 기다리지 않습니다. 그 시간 동안 해야할 일을 다하지 못하면 시간은 아무 미련도 없이 우리 곁에서 영원히 사라지고 맙니다.

그러나 할 일을 다했을 때 시간은 영원히 우리 곁에 남습니다. 일이라는 유형의 성과 속에 무형의 시간이 남게 되는 것입니다.

무슨 일을 어떻게 하겠습니까?

아내는 아내의 일, 남편은 남편의 일, 학생은 학생의 일을 최선을 다해 열심히 하는 것입니다. 인생의 보람과 가치는 그 열심속에 나타나게 될 것입니다.

悟輪 전 화계사 주지

화계사에서 숭산스님을 은사로 득도

행운을 잡는 법

19세기 중엽, 미국에서 골드러시가 일어났을 때였습니다. 세계 각국의 사람들이 금을 캐러 미국으로 몰려왔습니다.

이 중에서는 동양인 특히 중국인 노동자들이 많았습니다. 1895년 한해에만 샌프란시스코항에 도착한 중국인 노동자는 무려 2만명이 넘었습니다.

이들 가운데 「차오」라는 중년의 노동자가 있었습니다. 그는 불교를 믿는 무척 성실하고 정직한 사람이었습니다. 그는 중국에서 올 때 조그만 청동불상을 가슴에 품고 아침 저녁으로 경건하게 예배했습니다.

그의 근면과 성실, 정직은 이같은 신앙 생활에 근거한 것이었습니다.

차오는 한 광산의 노동자로 일했습니다.

그는 임금의 대가로 일하는 노동자였지만 노동 자체를 무척 소중하게 생각했습니다. 마치 금맥金脈이 발견되면 자기 것이라도 될 것처럼 열심히 일했습니다.

그러나 어찌된 일인지 차오가 일하는 금광에서는 좀체로 금맥이 발견되지 않았습니다. 주인은 재정상태가 악화되자 폐업을 선언했습니다. 같이 일하던 동료는 뿔뿔이 흩어졌습니다.

하지만 차오는 떠날 수 없었습니다. 오직 금맥을 찾기 위해 두더지처럼 일하다가 맥없이 물러선다는 것이 억울했기때문입니다. 그는 그동안 모아두었던 돈으로 헐값에 폐광을 샀습니다. 혼자라도 끝장을 보아야겠다는 각오에서 였습니다.

주인도 떠나고 동료들도 떠난 폐광의 입구는 거대한 괴물이 입을 벌리고 있는 듯했습니다. 그는 청동불상과 짐을 노동자 숙소에서 아예 굴속으로 옮기고 밤낮으로 일을 하기 시작했습니다.

굴의 막장은 거대한 암반이 가로막고 있었습니다. 차오는 동료들이 깨다만 바위를 깨뜨려 나갔습니다. 등뒤로는 불안과 외로움이 산사태처럼 부너져 내렸지만 그는 이를 악물고 오직 암반 깨기에만 열중했습니다.

암반을 파들어가기 시작한지 한 달. 차오는 겨우 1미터를 전진했을 뿐입니다. 그런데, 차오 앞에는 실로 엄청난 일이 벌어졌습니다. 그렇게도 찾던 금맥이 나온 것입니다. 차오는 상상도 못할 행운을 움켜잡게 된 것은 물론입니다.

차오가 큰 갑부가 되었다는 소식이 전해지자 옛날 함께 일하던 동료들이 모여들었습니다.

그들은 차오가 매일 아침 저녁 부처님께 기도한 덕분에 부자가 되었을 것이라고 말했습니다. 그러나 차오의 설명은 달랐습니다.

"나는 부처님께 부자가 되게 해달라고 기도하지 않았습니다. 다만 어려운 일이 있을 때마다 부처님의 위대한 진리를 깨닫기 위해 6년동안 참기 어려운 고행을 했던 사실을 떠올렸습니다. 부처님은 인내하고 노력하는 사람만이 목적한 바를 이룰 수 있다고 가르쳤고 몸소 그것을 실천해 보였던 분이기 때문입니다."

돈 많은 광산주는 1미터를 더 파들어 가지 않았기 때문에 행운을 놓치고 말았습니다. 반대로 차오는 남보다 더 많이 참고 노력했기 때문에 금맥을 찾아낼 수 있었습니다. 이렇게 보면 행운이란 것도 결국은 열심히 일하는 사람에게 돌아가는 것임을 알 수 있습니다.

〈대본경大本經〉에서 부처님은 제자들에게 이렇게 가르치고 있습니다.

"괴로움이나 즐거움은 신神이나 성현聖賢이 만드는 것이 아니다. 그렇다고 아무런 까닭없이 생기는 것도 아니다. 모든 것은 스스로 지은 업業에 따라 생기느니라."

터무니 없이 행운을 기다려서는 안됩니다. 신神의 가호나 행운은 인간의 몫이 아닙니다. 끝까지 참으며 노력하는 것만이 인생의 도정道程입니다.

지금 자신에게 주어진 일에 최선을 다하고 있는가를 되돌아 보아야 합니다.

용타

미국 캘리포니아 삼보사 회주
청화 스님을 은사로 득도
귀신사 회주

동사섭 수행법

사람들은 늘 자신에게 "지금 나는 얼마나 행복한가"라고 묻습니다. 태어나면서 부터 죽을 때까지 보다 높은 행복을 지향하며 사는 존재가 인간이기 때문입니다.

도대체 행복이란 무엇일까요? 즉 '인생의 목적이 무엇인가'와 상관된 물음입니다. 결론부터 말하면, 인생의 목적은 행복입니다. 다른 이의를 달지 못할 당연한 말입니다. 그렇다면 행복이란 무엇일까요?

우리의 좋은 느낌이 행복입니다. 동사섭同事攝 수행은 행복을 목적으로 하고, 그것을 '좋은 느낌'이라 합니다. 왜 행복이 중요한지는 물을 필요조차 없습니다. 인간은 이고득락離苦得樂하기를 원하기 때문입니다. 그것은 무조건적이며 이유를 더 물을 수 없으며, 너무도 자명한 것이 이고득락의 이치입니다. 조건을 내세운 행복은 진정한 행복이 아닙니다.

인생은 묻고 답하는 과정의 연속입니다. '어떻게 하면 행복을 얻을지' 가 질문이고, 그 대답이 인생입니다. 그 차원에 정체正體, 대원大願, 수심修心, 화합和合, 작선作善이라는 5대 원리를 제시했습니다.

5대 원리는 인간이라면 누구나 답을 내려야 하는 상황설정입니다. 그렇지만 우리가 행복을 지향할 때, 정작 '나란 무엇인가' 에 대해 소홀할 경우가 있습니다. 그러면 인생에서 허망함과 공허함을 경험하게 됩니다.

'나는 무엇인가' 를 선명하게 하는 것이 중요합니다. 결국 '정체성' 과 '자아개념의 문제' 와 연관됩니다. 그런 정체성과 자아개념을 하나로 묶는 과정에 '정체' 의 원리를 제시했습니다.

대원大願의 원리는 행복의 세계로 나아갈 방향입니다. 방향은 넓을수록 좋듯 '큰 희망' 은 보다 큰 행복을 위한 원리입니다. 나와 가족, 국가, 인류, 모든 중생 등 행복의 범주를 확대하고, 그것을 원대한 희망으로 삼으라는 것입니다. 때문에 대원大願은 우리 모두의 행복입니다. 온 우주에 존재하는 유무형에게 행복이 넘치는 상태가 바로 대원의 내용입니다. 나머지 수심修

心(마음 잘 다루기), 화합和合(마음 잘 나누기), 작선作善(잘 역할하기) 등의 원리는 정체와 대원이란 큰 축을 구현하는 구체적인 방법입니다.

그럼 5대 원리의 경전적 근거는 무엇일까요? 근본불교의 사성제四聖諦에 사상적 근거가 있습니다. 사성제에서의 고苦는 우리들의 현실이고, 멸滅은 우리들의 이상입니다. 5대 원리는 이처럼 근본불교의 사성제를 오늘의 안목에서 초대승적 의미로 재조명한 것입니다.

대원大願 사상을 통해 설명하면 이렇습니다. 우선 고苦와 멸滅은 같은 개념입니다. 결국 질적인 측면에서 한 개념입니다. 이런 고와 멸을 '고는 고고멸苦苦滅이다' 고 보면 안 됩니다. 동사섭은 고와 멸을 일원화 했습니다.

현재 우리는 순간 순간 '~만큼 고苦, ~만큼 멸滅' 속에서 살고 있습니다. 우리 목적은 우리 모두의 이고득락에 있습니다. 즉 대원大願입니다. 동사섭의 대원사상은 근본불교 사성제의 멸滅(해탈)을 소승적 차원에서 대승적 차원으로 전환 시킨 것입니다.

동사섭의 수행원리는 근본불교의 불성佛性사상과 선불교의 즉불卽佛사상의 조화에 있습니다. '이 마음이 부처고, 내가 부처' 는 즉불사상을 바로 이 몸에서 느끼게 하는 것이 동사섭 수행법의 핵심입니다.

활불活佛인 내가, 즉불卽佛인 내가 지금 여기서 구현해 보이는 것입니다. 근본불교의 가르침으로써 '왜 우리가 해탈하고 공부해야 하는지'에 대한 방향을 제시하고, 인생이 가치관 정립에 근거를 안내해 주는 것이 동사섭 수행입니다.

이 수행법의 구체적인 방법은 주主바라밀과 조助바라밀이 있습니다. 주主바라밀은 내가 변함없는 태양과 같은 존재임을 확인케 하는 것입니다. 그리고 조助바라밀은 부처가 세상에 구현하는데 번뇌를 쓸어버리는 작업을 돕는 것입니다.

삼독심 하나하나에 따라 명상법 하나하나를 적용시켜 번뇌를 제거하게 합니다. 가령 '지족知足 명상'은 기존의 관점을 전환해 매사에 긍정적이며, 작은 것에도 감사하는 마음이 길러져 편안하고 행복하게 합니다. 지금 이 순간, 느낌의 정도가 행복수위이므로 '느낌에 깨어 있기' 수행을 꾸준히 해야 합니다.

가만히 앉거나 걸으면서 심신에 흐르는 느낌을 느껴 보기, 발가락에서 머리끝에서 몸을 하나하나 느껴보며 감사하기, 경계에 따른 느낌을 문장으로 적어보기 등으로 '느낌에 깨어있기' 수행을 하면 행복을 얻을 수 있습니다.

또 '내관법內觀法' '고백하기' 등을 통해 부정적인 정서를 해결할 수 있습니다. 그러면 부정적인 정서를 해결할 수 있고 부정적인 정서의 축적에서 오는 스트레스로부터 해방되고, 생리적인 활기를 회복할 수 있습니다.

삶이 곧 불교입니다. 살아있는 불교가 활불교活佛敎입니다. 현재의 불교가 관념화 되면서 현실로는 불교와 삶이 이원화 됐습니다. 그래서 이 같은 현실에서 진일보해서 주창한 것이 활불교운동입니다. 이는 '생활 즉 불교'라는 것을 재확인하자는 운동입니다. 불교의 다양한 가치들을 활불교화 하는 것이 동사섭 수행입니다.

圓覺

1944년 출생
1967년 안동포교당 대원사 주지
1973년 영주 부석사 주지
1985년 영도구 사암연합회장
범어사 상임법사
영도경찰서 경승실장
2006년 현재 부산 영광사 주지

기도하는 마음

신앙생활에 있어 기도가 차지하는 비중은 매우 큽니다.

기도란 기념祈念 · 기청祈請 또는 기원祈願이라고도 합니다. 곧 마음으로 소원하는 것을 빌어서 불 · 보살의 가피를 구하는 것입니다 흔히는 재앙을 없애며, 질병이 낫기를 비는 등 현세에 대한 행복을 구하기 위하여 행하는 의식의 일종이기도 합니다.

기도의 감응, 즉 기도의 성취는 기도를 하는 사람이 진실한 일념으로 정진하고 참회할 때 무명과 탐욕의 업장이 소멸되며 청정과 지혜를 얻게 됩니다.

이는 먼저 내부로부터 깨우쳐지는 것이고 스스로 물러서지 않는 신앙의 힘을 얻게 됩니다.

즉 과감한 실천력과 두려움없는 용기, 맑은 지혜력과 자애심이 생기게 되는 것입니다.

이러한 내면 청정과 복덕과 지혜력이 곧 부처님의 뜻과 일치하는 것이므로 이때 부처님의 가호력이 내려지는 것입니다. 그러므로 기도의 감응은 자신 스스로에게서 비롯되는 것이라 하겠습니다.

부처님의 기도에 대한 응답은 꼭 있고 그것은 영원합니다.

진리에 대한 확고한 믿음, 신명마저 바칠 수 있는 구도자세가 성숙될 때 감응력은 쉬임없이 살게 되는 것입니다.

또한 열심히 기도하다 보면, 지극한 기원이 부처님께 닿아 평소 의지로 이룰 수 없는 일이 성취될 때가 있습니다.

이것이 기도의 목적점인줄 알고 기도를 중단하는 일은 없어야 합니다.

지속적인 기도와 자비실천을 행해야 합니다. 또한 기도한 끝에 얻어진 행이 자신의 기도력이라 믿고 오만하거나 경망함은 불자의 자세가 아닙니다.

모든 이웃에게 공덕을 돌리는 자세를 가져야 합니다. 기도는 희 · 노 · 애 · 락 어느 때나 끊임없이 생활화하는 것이 바람직합니다.

특히 주의해야 할 일은 기도감응이 빨리오지 않고 기도성취를 이루지 못했다해서 삼보三寶를 원망하거나 신앙생활을 포기하는 경솔한 일은 없어야 합니다.

모든 원인은 자신의 두터운 업장과 부족에서 오는 소치이기 때문입니다. 깊은 반성과 함께 재도전의 용기를 갖는 계기를 삼아야 합니다.

가끔 기도를 하다가 일반 관념으로 생각할 수 없는 불가사의한 일이 발현될 때가 있는데, 이것은 고도의 정신집중을 통하여 얻어지는 순간적인 부산물입니다.

이것이 종교의 목적인 양 생각해서는 안됩니다. 맹신은 곧 이러한 오류에서 빚어지는 것이기 때문입니다.

또한 기도를 하다보면 평소때보다 내부와 외부로 부터 더 많은 갈등과 고통을 겪게 되는 경우가 있습니다. 이를 장애, 마군, 마장이라 합니다.

과거에 살아오면서 지은 무명의 업장이 소멸되려할 때, 지금까지 자신의 본래 모습인줄 알고있는 잔존의 욕망이 소멸되려는 업장을 흡인하기 때문입니다.

완전한 것으로 알고있던 자신의 가치관과 영원한 것으로 애착하던 내것을 과감히 버릴 수 있을 때 내면의 마장은 잠잠해지게 됩니다.

마장은 단번에 끊을 수 없으며 아무리 의지가 굳세어도 마장이 없을 수 없습니다. 우리의 생은 업業의 소산이기 때문에 그

업을 소멸해 가기 위하여 필연적으로 격어야 하는 과정입니다. 그러므로 도피해서는 안되고 긍정적으로 받아들이고 적극적으로 극기해야 합니다.

불교신앙인은 기도를 생활화해야 합니다.

종교의 본질은 올바르게 사는 용기를 얻고 진실을 실현하는 데 있습니다. 그러므로 기도는 정의롭게, 행복하게 살려는 자기 의지의 확신입니다.

진리에 대한 믿음으로 죽음을 두려워하지 않을 때, 불 · 보살께서 감응하시게 되고 복덕과 지혜는 찾아듭니다.

圓明 광명 금강정사 주지

지장보살과 명부시왕

지장보살은 석가모니 부처님으로부터 미륵부처님이 세상에 오실때까지 정법이 사라져버린 악한 세상에서 고통 받는 중생을 건져 주도록 부촉 받으신 분입니다.

그리고 또 이미 오래 전 과거에 지옥세계의 모든 중생이 성불하기 전에는 성불하지 않겠다고 발원하셨습니다. 때문에 지장보살을 '대원본존大願本尊' 이라고 부릅니다.

〈지장보살경〉에는

"지장보살은 남방세계에 주재하시며 밝은 천안으로 지옥 속에서 괴로움을 받는 중생을 보시니, 배고프면 뜨거운 쇳덩이를 삼키고, 목마르면 구리즙을 마시면서 온갖 고통을 받는데, 휴식조차 없음을 보고 차마 참을수가 없으셔서 즉시 남방으로부터 지옥의 가운데에 도달하여 염라왕과 함께 같은 곳에서 자리를 달리하여 앉으셨다."

는 내용이 있습니다. 이 같은 연유로 생전예수재에 지장보살이 모셔지는 것입니다.

지장보살과 더불어 예수재의 핵심을 이루고 있는 존재는 시왕입니다. 시왕은 명부(저승)에 머물러 망자의 생전의 업행을 심판하고 다음 세상에 태어날 몸을 판정하는 역할을 담당하고 있습니다.

망자는 죽은 지 7일 되는 날에 제일 먼저 진광대왕전에 당도합니다. 불효를 하였거나 인과를 믿지 않는 자는 이곳에서 많은 고통을 겪습니다. 2 · 7일 되는 날에는 초강대왕전에 이르게 됩니다.

왕생까지는 죄업의 경중에 따라 세 갈래의 길이 있습니다. 3 · 7일 되는 날에는 송제대왕전에 도착하게 됩니다. 큰 죄업을 지은 사람은 여기에서 명도의 길이 얼마나 험난한가를 뼈저리게 느낍니다.

4 · 7일에 도착하는 곳은 오관대왕의 앞입니다. 이 곳에서는 주로 말로 지은 악업을 심판 받습니다. 5 · 7일에는 염라대왕전에 도착하게 됩니다. 이 곳에는 업경대라는 거울이 있어서

삼세의 업행이 그 속에 숨김없이 나타나게 됩니다. 6 · 7일에는 변성대왕전에 당도합니다.

역시 거울과 저울로 생전의 업행을 심판하며, 망자를 위해 권선징악의 가르침을 베풉니다. 7 · 7일 되는 날에는 태산대왕전에 당도합니다. 대왕전 앞에는 지옥, 아귀, 축생, 아수라, 인, 천, 육도로 통하는 여섯 개의 문이 있는데, 태산대왕의 심판으로 그 중 한 문으로 돌아서 다음 왕전으로 가게 됩니다.

죽은 지 100일 째 되는 날에는 평등대왕전에 당도합니다. 성난 겉모습을 하고 있지만, 내심은 매우 자비롭다고 하며 형벌을 다스리는 동시에 교화의 말을 들려줍니다. 죽은 지 1년이 되는 날에는 도시대왕전에 당도합니다. 왕전 앞에는 뜨거운 불상자가 놓여 있는데, 무거운 죄업을 지은 사람이면 불상자를 열 때 뜨거운 불꽃이 온 몸을 불사른다고 합니다.

저승길에서 마지막으로 도착하는 왕전은 전륜대왕전입니다. 지옥 중생을 통솔하고 중생의 어리석음과 번뇌를 다스리며 눈이 열 개나 되고 어깨가 넷이나 되는 옥졸들이 망자의 죄업을 검사합니다. 여기서 생전에 지은 업행을 통해 다음생에 무엇으로 태어날 것인가가 판정된다고 합니다.

圓山 양산 통도사講主

1944년 출생
1963년 통도사 경봉스님을 은사로 득도
1981년 조계종 총무원 규정부장
1984년 직지사 승가대 강주
1988년 통도사 승가대 강주
1993년 조계종 교육원 원장
2006년 통도사 백련암 염불당 원장(현재)

지혜와 복덕의 구족

부처님은 지혜와 복덕이 구족한 분입니다. 삼귀의三歸依에서 귀의불歸依佛 양족존 兩足尊이라 한 것은 지혜와 복덕이 구족한 부처님께 귀의한다는 뜻입니다.

지혜는 우주만법의 진리를 실상 그대로 체달하여 자기화한 것이고 복덕은 체달한 진리를 일체중생에게 베풂으로 얻는 공덕입니다. 불교신앙의 핵심은 이같은 지혜와 복덕이 부족함이 없이 구족한 부처님께 귀의하여 부족한 자기에게 구족함을 구현하는데 있습니다.

그러면 중생이 부족한 것은 무엇이며, 무엇을 구족해야 할

까요?

중생은 첫째, 지혜가 부족합니다. 진리를 떠나 살고 있지 않으면서 아무도 진리를 알지 못합니다. 마치 눈眼이 자기를 보지 못하는 것과 같습니다. 인간은 누구나 이 세상에 왔다가 저 세상으로 떠나게 되는데 이 세상에 오기 전에는 어디서 왔으며, 저 세상으로 가는 것은 어느 날짜에 어디로 갈지를 모릅니다.

또한 무슨 이유로 왔다가 어떻게 가는지도 알지 못합니다. 그래서 옛 사람은 세상에 큰 일도 많지만 무엇보다 더 큰 일이 죽고 사는 일이라 하여 생사대사生死大死라 했습니다.

태어났으되 온 곳을 알지 못하니 나는 일이 큰일이요,
죽는 일이 큰일이라는 것입니다.
生不知來處曰生大
死不知來處曰死大

일체중생 어느 누구도 이 생사문제를 떠나 따로 존재할 수 없습니다. 무정물無情物이라해도 마찬가지입니다. 왜 일체의 존재는 이렇게 생사거래生死去來를 거듭하는 것일까요?

불교의 관찰은 모든 존재 자체가 생사生死를 거듭하도록 구조되어졌다는 것입니다. 연기緣起의 가르침은 존재의 실상을 파악하는 방법입니다. 그러나 중생은 애써 그것을 부인하려 합니다.

불교의 온갖 수행방법, 이를테면 참선 · 염불 · 주력呪力 · 간경看經은 진리의 참모습을 바로 보고 깨닫기 위한 것입니다. 허망한 존재를 영원하다고 믿는 한 진리는 영원히 체득할 수 없습니다.

둘째로 중생은 복덕福德이 부족합니다. 지혜가 없으므로 복덕을 짓지 못하기 때문입니다.

세상에서 가장 큰 복덕은 진리의 실상을 깨치는 것입니다. 그래야만 참다운 복덕을 쌓을 수 있기 때문입니다. 반대로 진리의 실상을 모르게 될 때 소아小我에 빠져 명예와 이익의 추구에만 골몰케 됩니다.

그러나 허공은 무소유無所有이므로 일체를 소유하듯 자기를 비우지 않으면 안됩니다. 풀끝에 이슬같은 명예와 이익을 버릴 때 성인과 같은 위대한 명예와 이익을 얻을 수 있습니다. 크게 버려야 크게 얻는 것입니다. 그래서 중국의 승조僧肇 법사는 〈조론肇論〉에서

성인무기 무소불기
聖人無己 無所不己

라 했습니다. 성인은 자기라 하는 생각이 없으므로 자기가 아

닌 것이 없다는 얘기입니다. 때문에 옛사람이 이르기를 '자기를 버려야 큰 공덕을 지을 수 있다' 고 했습니다.

대승불교의 실천 덕목인 6바라밀 가운데 보시布施를 맨앞에 내건 것도 그것이 자기를 던지는 행위이기 때문입니다. 「나」라는 생각이나 「내것」이라는 생각으로는 진정한 보시가 안됩니다.

그래서 보시 속에는 모든 바라밀이 포함된다고 했습니다. 즉 재시財施는 보시 바라밀이며, 무애시無畏施는 지계와 인욕바라밀이며, 법시法施는 선정 · 정진 · 지혜바라밀을 포함 합니다.

헌신적인 희생으로 남을 이롭게 하는 것, 조금이라도 진리의 말씀을 전하기 위해 애쓰는 행위, 이 모두가 보시요 공덕이 되는 일 입니다.

지혜와 복덕은 불자佛子라면 누구나 닦아야 할 신앙생활의 지표입니다. 누구는 지혜만 닦고 누구는 공덕만 닦는다는 것은 있을 수 없습니다. 그것은 절름발이 신앙입니다. 우리 모두 자비와 지혜를 원만하게 닦아 부족함이 없는 인격을 구족해야 할 것입니다.

月山

1912~1997년
1944년 금오스님을 은사로 득도
1968년 조계종 총무원장
1974년 불국사 불국선원 개원
1978년 조계종 제6대 총무원장
1988년 원로회의 의장
불국사 · 법주사 조실

1
날마다 좋은 날

老倒疏慵無事日
安眠高臥對靑山
늙고 나른하여 일 없는 날에는
청산을 마주하고 누워 편히 잔다.

사람이 살면 얼마나 살겠습니까?

이 세상에서 가장 오래 사는 것은 거북이라 하는데 만 년을 산다고 합니다. 그래서 만 년간 사는 것을 구령龜齡이라 합니다. 그 다음으로 오래 사는 것은 학이라 하는데 학은 천 년 동안 산다고 합니다. 천 년 간 사는 것을 학수鶴壽라 합니다.

사람은 팽조彭祖라는 사람이 800년을 살았다고 합니다. 지금까지 알려진 것으로는 팽조가 가장 오래 살았다고 하나 믿기는 어려운 얘기입니다.

사람이 가장 오래 사는 사람이 120세를 산다고 합니다. 이를 상수上壽라 합니다. 그 다음은 중수中壽로 100세를 사는 것입니다. 하수下壽는 20년이 더 모자란 80세 입니다. 또 70세를 살면 '인생칠십고래희' 란 말이 있듯이 고희古稀라 하고, 61세가 되면 육십갑자가 돌아왔다고 해서 환갑還甲이라 합니다.

이밖에도 나이를 가리키는 말로는 백수白壽가 있는데 백수는 99세를 말합니다. 일백 백百자에서 위에 한 획을 떼내면 아흔아홉이란 뜻입니다. 88세는 미수米壽라 하는데 쌀미米자를 파자破字해 보면 팔십팔八十八이 되기 때문입니다. 또 77세는 희수喜壽라 하는데 이는 기쁠 희喜자를 파자하면 칠십칠이 되기 때문에 붙인 것입니다.

또 〈논어〉에 보면 40이 되면 웬만한 유혹에는 흔들리지 않는다 하여 불혹不惑이라 하고, 50이 넘으면 하늘의 뜻을 안다고 하여 지천명知天命, 60이 넘으면 귀에 거슬리는 말을 해도 마음이 흔들리지 않는다고 해서 이순耳順이라 합니다.

이렇게 나이에 대해 여러가지 이름이 붙어 있는 것을 보면 사람은 예전이나 지금이나 오래 사는데 관심이 많았던 모양입니다.

그러면 우리 불교에서는 나이를 어떻게 생각하는지 알아봅시다. 〈미륵경〉에 보면 미륵부처님이 하생下生할 때 인간의 나이는 8만4천세가 된다고 합니다. 그러나 아직까지 그렇게 오래 산 사람은 없습니다.

부처님이 80세에 열반에 드셨으니 하수下壽를 누린 셈이고, 고불古佛이란 별명을 얻은 조주화상은 120세를 살았다 하니 상수上壽를 사신 셈입니다.

그러나 우리 선문에서는 오래 살고 적게 살고를 크게 관심두지 않습니다. 생사를 자재하는 사람이 더 산들 무슨 뜻이 있으며 덜 산들 무슨 후회가 있겠습니까. 다만 살아있는 동안 생사해탈을 하느냐 하지 못하느냐 하는 것이 오직 문제일 따름입니다. 백 년을 산들 마음에 헐떡거림이 수그러들지 않으면 인생을 헛사는 것이요, 하루를 살더라도 생사를 요달하고 걸림이 없는 경지에서 살면 불조佛祖가 부러울 것이 없습니다.

그래서 옛날 중국에 고봉선사는 방문 앞에 '사관死關' 이란 팻말을 걸어놓고 공부를 했습니다. 견성오도를 하지 못하면 차라리 죽어서 이 문을 나가겠다는 뜻이었습니다.

원단元旦을 맞아 우리 대중들의 공부는 어떻습니까? 마음에 헐떡거림이 사라져 청산을 마주하고 누워 편안하게 쉴 만 합니까? 아직 그러하지 못하면 송곳으로 허벅지를 찔러가며 향상일로向上一路 가행정진하시기 바랍니다.

日日又日新하라.

日日是好일이니라.

날마다 날마다 새로운 날이 되게 하라.

그러면 날마다 날마다 좋은 날이 되리라.

2

부처님 오신 날

부처님께서는 도솔천을 떠나기 전에 이미 왕궁에 태어나셨으며 어머니의 모태에서 나오기 전에 이미 중생을 다 제도해 마쳤습니다.

대중들은 이 소식을 아시겠습니까?

曉鷄一聲이니라
새벽에 닭 우는 소리니라.

오늘은 사월초파일이라 부처님 오신 날입니다. 부처님은 본래 가고 옴이 없는 분이신데 부처님이 오셨다고 이렇게 꽃등을 달고 좋아하는 것은 무엇 때문일까요?

부처님은 이 세상에 새벽을 가져오신 분이기 때문입니다. 사바세계는 장야무명長夜無明이라 칠흙과 같은 어둠만 가득한 곳이니 새벽이 오지 않으면 언제 긴 잠에서 깨어날 수 있겠습니까. 그런데 다행히도 부처님이 오셔서 새벽닭처럼 길게 한 소리로 울으니 그제서야 모두가 혼침에서 깨어나 새벽을 맞이했습니다. 그러니 이 얼마나 장하고 거룩합니까. 그래서 부처님에게는 여러가지 별명이 따라 다닙니다. 이른바 여래십호如來十號가 그것입니다.

첫째 여래如來이니 진리의 세계에서 오셨다는 뜻이요,

둘째 응공應供이니 존경과 공양을 받을 만한 분이라는 뜻이요,

셋째 정변지正遍知이니 바르고 두루 아는 분이라는 뜻이요,

넷째 명행족明行足이니 지혜와 실천을 겸비한 분이라는 뜻이요,

다섯째 선서善逝이니 고통의 바다를 잘 건너신 분이라는 뜻이요,

여섯째 세간해世間解니 세상 일을 잘 아시는 분이라는 뜻이요,

일곱째 무상사無上士니 위없는 선비요 신사라는 뜻이요,

여덟째 조어장부調御丈夫니 번뇌를 조복받은 장부라는 뜻이요,

아홉째 천인사天人師니 신과 인간의 스승이라는 뜻이요,

열째 불세존佛世尊이니 진리를 깨달아 세상에서 존귀한 분이라는 뜻입니다.

부처님에게 이렇게 최고의 존경과 찬사가 따라다니는 것은 어떠한 연유일까요. 중생이 마음 하나를 밝혀 깨달으면 모두가 부처가 될 수 있다고 가르친 분은 오직 부처님 밖에 없기 때문입니다. 실로 세상의 어떤 종교 지도자도 모든 중생이 자기와 동일한 존재요, 깨달으면 부처가 될 수 있다고 가르친 분은 없습니다. 그러므로 부처님은 그 이름만으로도 이미 일체중생을 제도한 것이나 다름없는 것입니다.

그러나 오늘 우리는 부처님 오심을 찬탄만 해서는 안됩니다. 우리 모두가 부처가 되지 않는 한 이 세상에는 참다운 부처님이 오시지 않습니다. 우리 모두가 부처가 되는 그 날이 곧 부처님 오신 날이 될 것입니다. 무슨 말이냐 하면 부처님이 이 세상에 오신 뜻은 일체중생을 부처로 만들기 위해서인데 중생이 그대로 남아있다면 부처님은 오시나마나 한 것이기 때문입니다.

그러므로 우리가 참으로 부처님 오신 날을 잘 맞이하려면 무엇보다도 일체중생의 눈물을 닦아주고 그 사람들과 손잡고 함

께 부처되는 길로 나서야 합니다. 그래야 진짜 부처님 오신 날이 됩니다. 부처님은 이것을 가르치기 위해 교화의 몸을 나투신 것이니 그 거룩한 공덕이 어찌 적다고 하겠습니까.

사부대중들은 오늘 하루종일 마음껏 부처님 공덕을 찬탄하십시오.

刹塵心念可數知
大海中水可飮盡
虛空可量風可繫
無能盡說佛功德

이 세상의 티끌을 다 헤아린다 해도
바닷물을 모두 마셔버린다 해도
또한 허공을 헤아리고 바람을 묶는다 해도
부처님의 공덕은 다 말로 할 수 없느니라.

생명 있는 것이나 없는 것이나
모두 석가모니불에 귀의하는구나.

月庵

1973년 경주 중생사에서 도문스님을 은사로 득도
중국 남화선사, 진여선사 등에서 선을 수행하고
북경대에서 돈오선 연구로 철학박사 학위를 받음.
동국대 선학과 강사
현재는 지리산 벽송사 벽송선원에서 정진중

절대의 행복

양나라 무제가 달마대사에게 물었습니다.

"짐이 왕위에 오른 이래 절을 짓고 탑을 쌓고 경을 편찬하고 스님들을 공양한 것이 셀 수 없는데 어떤 공덕이 있습니까?

"아무 공덕이 없습니다.無功德"

"어찌하여 공덕이 없습니까."

"이는 인간과 하늘의 작은 결과를 받는 유루有漏의 원인일 뿐이니, 마치 그림자가 형상을 따르는 것과 같아서 있는 듯 하나 실체가 없습니다."

"어떠한 것이 참된 공덕입니까."

“청정한 지혜는 미묘하고 원만하여淨智妙圓 본체가 스스로 비고 고요하니體自空寂, 이러한 공덕은 세간 법으로 구하지 못합니다.”

무제는 유루의 공덕을 구하고 달마는 무루無漏의 지혜를 설하고 있습니다. 한국불교는 양무제가 구하고 있는 공덕에 빠져 있습니다. 하루 빨리 공덕주의功德主義에 기초한 기복 불교를 벗어나야 합니다. 진정한 공덕은 인천人天의 작은 과보에 만족하는 인연의 복이 아니라, 세간의 인과법을 초월하여 본래 갖추고 있는 청정한 지혜를 깨닫는 것입니다.

선禪은 인천교人天敎를 넘어 선 대승大乘의 가르침이자 최상승最上乘의 가르침입니다. 그러므로 세간에 있되 세간을 여의고, 유루의 공덕을 짓되 무루의 참 공덕에 바탕을 두어야 합니다.

유루의 공덕이란 다름 아닌 모양相에 집착한 보시로써 내가 공덕을 지었다는 생각의 상에 머무는 것을 말합니다. 무루의 공덕이란 보시를 행하되 보시했다는 상에 머물지 않아, 일체의 공덕상相을 여의어 베풀되 베푸는 상이 없는 것입니다.

그러므로 상에 머묾이 없는 보시無住相布施가 최상의 보시라고 가르치는 것입니다.

중생은 상相에 집착합니다. 즉 일체의 형상에 집착하고 분별하면 중생이요, 일체의 형상 가운데 있되 상을 여의고 존재의 실상인 그 성품을 바로 보면 부처입니다. 그래서 선에서는 견상見相하면 범부요, 견성見性하면 부처라고 합니다見性成佛.

아울러 〈금강경〉에서는 "나라는 상我相, 너라는 분별의 상人相, 어리석은 중생이라는 상衆生相, 유한한 생명의 존재라는 상壽者相에 집착하면 보살이 아니다."라고 말하는 것입니다.

사실 불교의 가르침은 복을 짓게 하는 것이 아니라, 마음을 깨닫게 하는 것입니다.

옛 조사가 말하기를 "밖에서 들어온 것은 보배가 아니요, 안으로 깨닫는 것이 진정한 보배"라고 했습니다. 그래서 '자가보장自家寶藏' 이라고 말하는 것입니다. 안으로 스스로 갖추고 있는 마음이 진정한 보물의 창고인 것입니다.

어리석은 사람은 하루 종일 밖으로 구합니다. 바깥 경계를 따라 희로애락喜怒哀樂합니다. 눈, 귀, 코, 입, 몸, 뜻으로 분별하며 자신에게 좋으면 취하고 싫으면 버립니다. 취사선택의 분별로 한 평생을 살아갑니다.

수행자는 취사하여 분별하는 마음을 놓아야 합니다. 그래서 〈신심명〉에서는

"지극한 도道는 어렵지 않네. 오직 간택하여 분별하지 마라. 다만 좋아하고 싫어하는 마음만 놓아버리면, 명료하게 깨달으리라."

고 하였습니다.

세간의 학문은 채우는 공부요, 불교의 수행은 비우는 공부입니다. 참마음인 천진불은 비고 고요하여 한 점 티끌도 없습니다. 탐진치 삼독을 비우고, 안이비설신의眼耳鼻舌身意가 만들어내는 여섯 경계六賊를 비워서 본래의 마음을 깨닫는 것이 불교의 마음공부입니다.

〈화엄경〉에 이르기를,

"부처의 경계를 알고자 하는가. 그 마음을 깨끗이 하기를 허공과 같이 하여라."

고 하였습니다. 허공은 일체를 비워서 허공인 것입니다. 비우고 비워서 비웠다는 생각마저 비웠을 때 참으로 공적한 도리를 알게 되는 것입니다. 즉 허공은 일체를 비웠으되 비웠다는 생각이 없기 때문에 그 이름을 허공이라 하는 것입니다.

허공은 스스로 허공이라 말하지 않습니다. 다만 일체를 비웠기 때문에 일체를 싸안고 있는 것입니다. 이를 일러 '텅 빈 충만'이라 말했는지 모릅니다.

마음이 곧 부처입니다卽心是佛. 마음 밖에 부처가 없고心外無佛, 부처 밖에 마음이 없습니다佛外無心. 그러하니 진정한 수행자는 마음을 떠나 부처를 구하지 않습니다. 마음 또한 마음이란 실체가 있는 것은 아닙니다.

혜가가 달마를 참문하였습니다.

"제 마음이 편안하지 못하니, 스님께서 편안하게 해주소서."

"그 마음을 가지고 오너라. 편안케 해주겠다."

"마음을 찾아도 얻을 수가 없습니다."

"내가 이미 그대의 마음을 편안케 하였다."

달마대사의 유명한 '안심법문安心法門'의 일단입니다. 찾아도 얻을 수 없는 마음이라면 이미 희로애락을 떠나 있습니다. 진정한 깨달음이란 얻을 바 없음을 깨닫는 것悟無所得입니다.

마음은 실체가 없건만 사람들은 내 마음, 네 마음이라는 그림자를 만들어 즐거워하고 또한 괴로워하고 있습니다. 이 몸과 마음은 오온五蘊으로 이루어진 허상에 불과하여 실체가 없습니다五蘊皆空. 실체 없는 몸과 마음에 집착하여 업을 짓고 살아가니 그 이름이 중생인 것입니다.

그러므로 〈심경〉에서는

"몸과 마음이 공한 도리만 깨달으면照見五蘊 일체의 고통으로부터 해방될 수 있다度一切苦厄."

고 말합니다. 지수화풍地水火風으로 된 몸이 흩어짐이 꿈과 같고四大名離如夢中, 여섯 경계로부터 일어난 마음은 본래 실다움이 없습니다六塵心識本來空. 본래 실체가 없는 이 마음을 마음이라 해도 맞지 않고不是心, 부처라 해도 맞지 않고不是佛, 물건이라 해도 맞지 않습니다不是物. 그렇다면 '이것이 무엇일까요是甚麽?' 이 도리만 명백히 깨달으면 안심입명安心立命(절대행복)에 이를 수 있습니다.

月雲 전 奉先寺 주지

1928년생
봉선사에서 운허스님을 은사로 득도
2006년 동국역경원 원장
76년~93년 봉선사 주지
봉선사 회주

뗏목의 비유

〈금강경〉 정신희유분正信希有分 제6에는 다음과 같은 말씀이 있습니다.

"以是義故로 如來常說호되 汝等比丘는 知我說法을 如筏喩者라 하노니 法尙應捨어든 何況非法이리요."

이 대목을 번역하면 다음과 같습니다.

"이런 이유 때문에 여래가 항상 말하기를 수행자들이여, 「나의 설법은 뗏목의 비유로 이해하라」하였으니 옳은 법도 버려야 하거늘 하물며 그른 법이겠느냐?"

위에서 예시한 〈금강경〉귀절의 예를 보건대 부처님께서도 당신의 설법에 대하여 잘못 아는 자가 속출할 것에 대비하여 당신의 설법을 「뗏목의 비유」에다 견주셨습니다.

뗏목이란 원래 깊은 산중에서 벌채한 재목을 칡으로 엮어서 강에다 띄어 하류쪽으로 운반하는 장치입니다. 이것은 이쪽 언덕에 붙어도 안되고, 그렇다고 중간에 멈추어 있어도 탈입니다. 그러나 어디에도 붙지 않고 솔솔 물길을 따라 잘 흘러가도록 운전을 해야만 좋은 사공인 것입니다.

만일 서투른 사공이라면 이쪽 언덕에 붙으려 할 때 너무나 힘을 주어서 저쪽 언덕에 붙이는 과오를 범하거나 저쪽 언덕에 붙었다 해서 그것을 피하려다 이쪽 언덕에다 붙일 것입니다. 이런 특색을 지닌 뗏목에다 부처님은 당신의 설법을 견주셨던 것입니다.

그 이유는 무엇일까요.

부처님께서 우리에게 보여주시는 법이라는 것이 말씀으로 표현해 내기가 그만큼 어렵다고 생각하셨기 때문이리라 생각됩니다.

법이란 진리이며, 무위無爲(변함없는 법)여서 표현에 한계가 있는 말이나 글자로 표현하다 보면 그 설명이란 것이 도리어 법의 본체와 멀어진 자리에 얽매여 있게 되기 쉽습니다.

부처님께서도 법을 말씀하시기가 이토록 어렵다 하셨거늘 하물며 범부인 우리들 이겠습니까.

그래서 중국의 운문雲門선사는 그 옛사람의 사견시社鵑詩를 빌어서 이렇게 말했습니다.

啼得流血無用處라
不如緘口過殘春이라.
목에서 피가 나도록 울어도 울어도 소용이 없으니
차라리 입을 다무고 지는봄을 보내리

겉보기에는 험상궂은 자가 의외로 착해질 때가 있으니 예컨대 1백여명의 무고한 인명을 앗아간 KAL기 폭파사건이 의외로 국민들의 반공정신을 강화시키는 촉진제가 되는 경우도 있어 세상사를 꽉 못박아 말하기란 참으로 어려운 것임을 잘 알 수 있습니다.

그렇다고 입다물고 남들이 싸우는 꼴만 물끄러미 보다가 결전決戰이 날 무렵에야 유리한 쪽에 손을 들고 끼어들라는 것이 부처님의 가르침이라고 생각할 수는 없는 터인즉 여기에 어떠한 대답이 필요한 것입니다.

마치 뗏목이 강복판에 머문다해도 잘못이듯, 이쪽도 저쪽도 아니라해서 침묵을 지킨다는 것이 바로 그 꼴이 아닐지 생각해 봅니다. 그래서 나는 여기서 이렇게 말해두고자 합니다.

"언어에 끄달리지 말고 침묵을 닦을 것이나, 침묵 그 자체가 소중한 것이 아니라 약동을 배태한 영지靈智의 결정체인 침묵을 단련해 내야 할 것이다."라고.

그래서 부처님께서도 당신의 설법은 걸림이 없다 하셨고, 그 걸림없음無碍의 조건으로써는 현실과 이상의 어느쪽에도 막히지 않는 것이라고 생각하였습니다.

月誕

1937년 출생
1955년 화엄사에서 금오스님을 은사로 득도
제4 · 5 · 6 · 8대 중앙종회의원
총무원 총무부장 · 규정부장
1974년 불교신문사 사장
1986년 조계종중앙종회 의장
전 동국대 석림회 회장
충주 용화사 주지 · 조계사 주지
단양 대흥사 주지(현재)

자유와 평등

지난 89년 7월 14일은 프랑스혁명 2백주년이 되는 뜻깊은 날이었습니다. 혁명 2백주년을 맞아 프랑스는 「인간과 시민들의 권리 선언」이라는 첫 공식행사를 시작으로 민주주의를 찬양하는 각종 행사를 벌였습니다. 1789년 7월 14일 파리시민들이 바스티우 감옥을 습격하는 것으로 시작된 프랑스 혁명은 국왕 루이 16세를 사형시키고 절대주의 왕정王政을 붕괴시킨 위대한 시민혁명이었습니다. 프라스혁명의 가장 큰 역사적 의의는 19세기 이후 역사진보의 사상적 원천이 된 「자유 · 평등 · 박애」를 혁명의 이상으로 삼는데 있습니다. 프랑스의 3색기三

色旗로 상징되는 이같은 이상은 현대 민주주의의 이상이기도 하다는 점에서 새롭게 주목할 필요가 있습니다.

인간에게 있어 자유와 평등만큼 소중한 것은 없습니다. 불합리한 제도와 불의한 권력의 압제로 부터 자유를 얻는 것은 인간의 양보할 수 없는 권리입니다. 또한 누구나 똑같이 잘 살고 평등하게 대우받는 것도 포기할 수 없는 권리입니다. 하지만 자유와 평등은 소중한 것인만큼 서로 모순되는 것도 사실입니다. 세계적인 판도로 갈라져 있는 자본주의와 공산주의의 이데올로기 대립이 그 좋은 예입니다.

인간 개개인의 자유와 시장경제 원리를 바탕으로 한 자본주의는 생산력의 극대화란 측면에서 성공을 거두고 있지만 사회적 문제를 안고 있습니다.

반대로 공산주의는 평등을 원리로 하여 사회적 분배에는 우월한 점이 있지만 개인의 성취동기를 빼앗아감으로써 가난한 평등을 확대하고 있습니다. 자본주의가 발달한 나라는 평등구조에 문제가 있고 공산주의를 채택한 나라는 자유신장에 문제가 있습니다. 미국과 소련, 남 · 북의 현실이 바로 그렇습니다.

자유와 평등의 모순구조를 해결할 원리는 무엇일까요. 프랑스 혁명의 역사적 경험은 박애博愛 즉 사랑이라고 말합니다. 사랑만이 평등의 영원한 모순구조를 해결할 수 있는 유일한 원리가 된다는 것입니다.

박애博愛란 부처님이 말씀한 자비와 비교될 수 있습니다. 그러나 본질에 있어 불교의 자비는 인간중심이 아니라 「생명중심」의 사상이기 때문입니다. 부처님은 일찍이 〈상응부相應部경전〉에서 이렇게 말씀하신 바 있습니다.

"어떤 생명이든 자기보다 소중한 것은 없다. 다른 생명도 저마다 자기를 소중히 여긴다. 그러므로 자기를 소중히 하는 사람은 남을 해쳐서는 안된다. 칼이나 몽둥이 등 싸우는 기구를 마련해 둬서는 안된다. 그물이나 올가미 등 산것을 사로잡는 기구를 마련해 두어도 안된다. 보살은 부모를 해친 사람에게도 원수를 갚지 않거늘 하물며 아무 죄도없는 중생을 해쳐서 되겠는가."

불교적 자비의 이상을 나타낸 이 말씀은 생명에 대한 사랑이 무차별한 것이어야 함을 강조하고 있습니다. 인간중심의 사랑은 결핍되어 있으므로 피부 빛깔이나 신분에 따른 배타적 갈등이 따릅니다. 이래서는 자유와 평등의 모순이 해결되지 않습니다. 평등한 생명의 차원에 설때 이런 갈등과 차별이 극복될 수 있습니다. 프랑스 혁명은 위대합니다. 그러나 아직도 혁명이 끝난 것은 아닙니다. 모든 생명에 대한 진정한 박애博愛가 실현되지 않았기 때문입니다. 이제 불교가 그것을 인류사회에 실천해야 할 차례입니다.

六樂 경북 영주포교당 · 대현사 주지

좋은 소리 나쁜 소리

인간은 숱한 소리속에 살고있습니다.

손바닥을 치는 소리나 악기를 연주하는 소리같이 귀에 들리는 소리는 말할 것도 없이 불가청不可聽의 소리도 우리 삶의 주변에 가득합니다. 이러한 소리속에 사는 우리는 좋은 소리와 나쁜 소리를 구별해 듣는 지혜가 필요합니다. 무엇이 좋은 소리이고 어떤 것이 나쁜 소리일까요? 좋은 소리는 우리의 정서를 안정시키지만, 나쁜 소리는 정신적 · 육체적인 건강을 해치는 마구니의 소리들입니다.

눈내리는 산길을 걸으며 눈이 쌓이는 소리를 듣는 즐거움은 산승의 고독한 수행을 기쁨으로 승화시키고 그 희열의 소리는 곧 해탈의 기쁨을 줍니다. 이러한 소리는 가히 좋은 소리라 이름짓고 싶습니다.

그러나 삼악도를 벗어날 길 없는 중생의 세계에서 그런 묘음妙音을 찾아 듣기란 어렵습니다. 누구는 어떻고 누구는 어떠느니, 뉘집 자식이 어쩌고 하는 따위의 소리와 각종 매스컴을 통해 나오는 광란의 소리들은 이 세상을 아수라장으로 만들 지경에 놓여있습니다. 이러한 소리는 정녕 나쁜 소리라고 할 수 있습니다.

부처님께서 설법하는 소리는 너무도 우렁차고 아름다웠다고 합니다. 무량겁의 중생계를 제도하는 위대한 가르침을 그토록 웅장한 목소리로 설하셨으니 듣는 이마다 깨치지 않을 수가 없었을 것입니다.

부처님의 가르침 같이 맑은 소리로 자신을 가꿀 때 우리들 성불의 씨앗은 싹틀 수 있습니다. 좋은 소리를 듣기에 힘씁시다.

남을 칭찬하는데 인색하지 맙시다. 자신의 소리를 맑게 하고 세상의 좋은 소리를 듣는다면 이 법계의 모든 소리가 천상의 주악으로 들릴 것 입니다.

고통세계의 중생을 구제하려는 보살이 중생을 불도에 귀의시키기 위한 방편인 사섭법四攝法에 애어愛語가 포함된 것은 항상 좋은 소리로 중생을 이끌어야 하며, 부드럽고 온화한 말이야 말로 번뇌망상의 중생심을 밝게 하는 최선의 방법이기 때문입니다.

부처님의 말씀은 나쁜 소리들을 제거시키는 좋은 소리(진리)로 일관됩니다.

"쇠를 단련하여 불순물을 제거하고 그릇을 만들면 그릇이 좋아지듯 불도佛道를 수행하는 사람도 마음의 더러움을 제거하면 행동이 청정해 진다."

〈사십이장경四十二章經〉에 나오는 부처님의 이 말씀은 본래 청정한 우리 마음이 더러움에 뒤덮혀 있음을 일깨워 주는 말씀입니다. 무엇이 마음을 더럽게 할까요? 우리가 듣고 사는 온갖 나쁜 소리들이 마음을 충동질시켜 탐내게 하고 집착하게 합니다.

그래서 불순물은 제거하지 못하면서 그릇 만드는 일에만 집착되어 오히려 불량스런 그릇만 만드는 것이 중생심인 것입니다. 마음의 불순물을 제거하기 위해서는 언제나 좋은 소리에 귀 기울이며 살아야 합니다.

법계는 부처님의 나라이고 극락정토여서 오묘한 소리로 가득합니다. 다만 마음이 청정하여 듣는 이가 있는 반면 마음이 미혹하여 듣지 못하는 이가 있을 뿐입니다.

그러므로 스스로 좋은 소리를 듣고자 노력해야 합니다. 부처님의 성구聖句하나 스님의 설법 한 구절이 모두 중생심을 더럽히는 독을 제거하는 좋은 소리인 것을 알아야 합니다.

부처님께서 현악기를 예로들어 중도中道를 설명하신 것은 유명한 얘기입니다. 거문고의 줄은 어떤 소리를 내고 있을까요? 스스로의 마음줄을 느슨하면 탁한 소리가, 팽팽하면 튀는 소리가 나고 알맞을 때 맑은 소리가 난다는 것입니다.

우리들 마음의 줄을 알맞게 고쳐잡고 나쁜 소리를 버리며, 부처님 법에 일심귀의하여 지혜롭고 청정한 소리로 살아갑시다.

印幻 서울경국사회주

1931년 출생
1952년 부산 선암사에서 원허스님을 은사로 득도
1975년 일본 동경대학 박사
1982년 동국대 불교대 교수 · 불교대 학장

단기출가의 공덕

이 세상의 모든 일 중에 우연하게 일어나는 일은 없습니다. 우리 불교의 논리로 말씀드리자면 기적 따위는 없는 것입니다. 모든 일에는 반드시 원인과 결과가 존재합니다. 악한 일을 행하지 않으면 그것이 원인이 되어 느닷없는 재앙이나 괴로운 일과 맞닥뜨리지 않습니다.

선善을 중시하고, 또 선을 행하면 공덕과 복덕이 쌓여갑니다. 마음 씀씀이를 정직하고 바르게 해야 합니다. 우리는 살아가면서 갖은 종류의 대소사와 마주치는데, 그러다 보면 남에게 무엇인가를 베풀 상황도 가끔 찾아오게 됩니다.

불자들이 불법을 행한다는 것은 딱 두가지를 위해서입니다. 업장을 없애는 것과 복덕을 쌓는 것. 하지만 이 두 가지를 잘 행하긴 어렵습니다. 그렇기 때문에 우리 불자들은 계정혜戒定慧 삼학三學을 수행할 필요가 있습니다. 수행을 통해서 업장을 없애고 복덕을 쌓을 수 있습니다. 수행하는 자의 마음은 무주상보시를 가능하게 합니다.

계정혜 삼학 중 기본은 계입니다. 계는 그릇과 같아서 튼튼하고 깨지지 않아야 물을 제대로 담을 수 있습니다. 수행하는 그릇은 바로 우리의 몸입니다. 몸으로 살아가는 방식을 바르고 깨끗하게 해야만 정定을 이루고 혜慧를 밝힐 수 있습니다. 계를 지켜내지 않으면 결국 삼학 역시도 이뤄낼 수가 없는 것입니다.

계를 받는 의식은 불교의 모든 의식 중에서 가장 기본이 됩니다. 재가자가 받는 계戒 중에 단기간 출가를 할 때 받는 계가 팔관재계八關齋戒라는 것이 있습니다. 남방불교에서는 팔관재계를 받는 일이 아주 흔합니다. 특히 남자라면 일생 동안 꼭 한번씩 일정기간 동안의 출가 경험을 가진다고 합니다. 아들이 출가의 계를 받으러 가는 날은 그야말로 동네 잔칫날이 됩니다.

우리나라에서도 팔관재계를 받고 단기간이라도 출가하는 분들이 많아졌으면 합니다. 단기간의 출가를 통해 자신의 신심을 다지고 생활에 활력을 불어넣을 수 있을 겁니다. 단 몇 시간이라도 좋습니다. 출가공덕은 단 몇 시간의 출가에라도 분명 있는 겁니다. 절에 있는 동안만이라도 진실하게 계를 지켜보는 것입니다. 단기간의 출가이지만, 그 짧은 시간 동안 부처를 이뤄보겠다고 굳은 다짐을 한다면, 출가 승려들의 초발심과 비교해 봐도 크게 떨어진다고는 말할 수 없을 것입니다.

팔관재계를 받는다는 것은 불종자佛種子를 심는 일입니다. 세세토록 이어질 수 있는 불종자를 심어주는 것입니다. 자식들한테 땅 물려주고 재산 물려주는 것도 좋지만, 불종자를 심어 주는 것은 어떻습니까? 세세토록 이어나갈 수 있는 공덕을 쌓게 하는 것이야말로 부모로서 자식에게 베풀 수 있는 최대한의 자애가 아니겠습니까?

계는 수행하는 사람을 불필요한 인연으로부터 자유롭게 만들어 줍니다. 또한 계는 때를 닦는 비누처럼 업장을 닦아주기도 합니다. 여기 좋은 비누가 있으니 여러분께서는 널리 나눠 쓰시길 바랍니다.

日面 군종교구장

1947년생
959년 해인사에서 명허스님을 은사로 득도
1999년 조계종 교육원장
봉선사 · 불암사 주지
2006년 생명나눔 이사장 · 광독학원 이사장

무상의 가르침

우리는 지금 너무도 시끄러운 세상에 살고 있습니다. 그러나 사실은 세상이 시끄러운 것이 아니라 우리들이 시끄러운 세상을 만들고 있는 것입니다.

날마다 TV, 라디오, 신문 등을 통해 쏟아져 나오는 정치인이나 연예인들이 토해내는 언어를 여과시킬 여유도 갖지 않은체 그대로 입에 담고 있습니다. 이러한 생활로 인하여 본래의 질서와 자아를 상실한체 홀로 있는 시간에는 무엇에 쫓기듯 안절부절 못하고 불안해 합니다.

니이체는 이렇게 말하였습니다.

“현대인은 두 가지의 병이 있다. 첫째는 자기 자신을 잃어버린 것이요, 둘째는 자기 자신을 잃어버리고도 그것을 깨닫지 못하는 것이다.”

일찌기 부처님께서는 물건을 훔쳐 도망간 여인을 찾고 있는 청년에게 여인을 찾는 것보다 자신을 찾는 것이 더 중요하다고 가르쳐 주셨습니다. 그러나 오늘에 이르기까지 우리는 참 나眞我를 찾기 보다는 거짓나假我에 집착하여 살고 있습니다.

〈화엄경〉에

“범부는 지혜가 없어 나에 집착한다.”

고 했으며, 〈법화경〉에

“아만하여 스스로 높은 양하여 아첨되고 굽어 마음이 실답지 못하다.”

고 하였습니다.

4상四相(아상, 인상, 중생상, 수자상)을 꺽지 아니하면 올바로 배울 수 없습니다. 나에 집착하다 보면 지혜 없음을 부끄러워하지 않고, 망령되게 자신을 높이며 선을 보고도 쫓지 않고 가르침과 타이름을 받지 않아 어진 사람을 친하려 하지 않습니다.

우리가 살아가는 현대사회는 황금만능주의, 권력제일주의로 흐르는 경향이 있는데 나의 육신을 비롯하여 명성과 권력과 재물에 너무 집착하지 말아야 합니다. 춘풍추우春風秋雨 바뀌는 철을 따라 홍안의 미모는 호호백발과 함께 주름진 얼굴로 바뀌어 가건만 천년이나 만년동안 항상 사는 줄 착각함으로써 탐내고 집착하게 됩니다.

부처님이 대장장이 춘다의 공양을 받으시고 병이 깊어 돌아가시게 되자 춘다는 괴로워 하였습니다. 부처님은 이에 춘다에게 무상의 도리를 설하였습니다.

"내가 오래 이 세상에 머물 것을 원해서는 안된다. 마땅히 세계를 보라. 모두가 무상하지 않는가. 생긴것은 다 죽음으로 돌아간다. 수명을 장구히 누린다 해도 언젠가는 다하리라. 대체 왕성한 것은 반드시 쇠퇴하고, 만난 자에게는 이별이 있기 마련이다. 젊음은 오래 머물러 주지 않고, 건강한 사람도 병들게 되고 목숨은 죽음에 의해 끊어질 수 밖에 없다. 이와 같이 영원한 것이란 없는 것이다."

이와같은 모든 현상은 단 일초도 지체하지 않고 변화되고 한번 지나간 시간은 절대로 돌이킬 수 없다는 진리를 깨달아 촌각을 아끼며 정진하여야 합니다.

사랑하는 마음을 닦는 이는 탐욕을 끊게 되고, 가엾이 여기는 마음을 닦는 이는 성내는 일을 끊게 되며, 기뻐하는 마음을 닦는 이는 괴로움을 끊게 됩니다.

자비로운 마음으로 모든 사람을 도우며 삿된 버릇과 나쁜 소견을 버리고 참 지혜를 얻어 불타의 자비 정신으로 화합과 단결에 힘을 기우려야 하겠습니다.

향을 쌌던 종이에서는 향내가 나고 생선을 궤었던 새끼줄에서는 생선냄새가 나게 마련입니다. 스스로 바르고 착한 삶을 살도록 노력 하고 이웃에게 그 향기를 전파할 때 허망을 쫓는 어리석음은 사라질 것입니다.

공리功利주의와 선

한때 우리나라에는 미국에서 수입된 인도의 명상법이 붐을 일으킨 적이 있습니다. 「라즈니쉬」를 비롯해 「크리슈나무르티」의 책들이 불티나게 팔렸습니다. 또 초월명상법, 마인드콘트롤같은 것들도 유행을 했습니다. 요즘도 그런 쪽에 대한 관심이 아주 사라진 것은 아니나 붐을 이루던 때보다는 많이 시들해졌다는 느낌이듭니다.

인도의 명상수행법이 유행할 때 사람들의 관심을 끈 것이 불교의 선禪이었습니다. 번뇌로 들끓는 마음을 순일하게 하고 정신을 건강하게 단련하는데 불교의 선이 특효特效(?)가 있다는 선전이 복잡한 현대생활을 해온 사람들의 호기심을 자극했던 것입니다.

한때 도심都心 한복판 빌딩에 시민선방이 유행처럼 문을 연 것은 이런 관심의 반영으로 분석할 수 있습니다. 그러나 이것 역시 얼마 가지 못해 시들해지고 말았습니다. 본시 유행이라는 것이 그렇기는 하지만 상품화된 선禪이 오래 갈 리가 없었던 것입니다.

여기서 한가지 간과할 수 없는 것은 현대인들의 지독한 공리주의功利主義입니다. 요즘 사람들은 무엇이든지 당장 이익이 없는 것은 하려고 들지 않습니다.

건강이나 정력에 관한 것이라면 불개미까지 잡아먹는가 하면, 스트레스를 풀기 위해서라는 말만 나오면 대로상大路上에서 스트리킹도 불사할 정도입니다.

그러다가는 금방 싫증을 내고 다시 다른 껀수件數를 찾아나섭니다. 도무지 진득한 구석이라곤 눈을 씻고 찾아보아도 없습니다.

이런 사람들이 선禪을 하겠다고 덤벼들었다면 결과는 뻔한 것입니다. 처음에는 그럴듯한 선전에 속아 덤벼들었다가 몇시간 앉아보지도 못하고 손을 들고 만 것입니다.

역설일 수도 있겠으나 불교의 선禪은 공리적인 현대인들에게는 어느모로 보나 어울리지 않은 수행법입니다.

선을 상품화하는 사람들은 곧잘 정신통일이 되고 마음의 안정을 찾게 해준다고 말하지만 참된 선禪의 목적과는 거리가 먼 10만8천리입니다.

물론 선수행禪修行을 잘 하다보면 세속적 번뇌가 현저하게 줄어들고 편안한 마음이 되는게 사실이지만 그것은 어디까지나 바른 선수행禪修行을 할 때 얻어지는 과외소득이지 선禪 자체의 목적이 아닙니다.

선禪의 궁극적 목적은 불교의 이상理想인 생사해탈生死解脫에 이르는 것입니다. 바꿔 말하면 생사해탈의 방법으로 제시된 것이 선입니다. 따라서 선禪은 곧 구도의 길이며 치열한 자기극복을 요구합니다.

만약 선禪이 추구하는 이같은 목적을 도외시 한다면 그것은 사이비입니다. 사이비선似而非禪으로는 선禪 본래의 목적에 이를 수 없음은 물론이고 그 과정에서 얻어지는 자기안정이나 마음의 평화도 기대하기 어려움은 자명합니다. 하물며 처음부터 얄팍한 공리주의에 매달려 선을 시작했다면 몇시간 앉지도 못하고 지쳐버리고 말게 됩니다.

그렇다고 선禪을 굳이 어렵게 생각할 필요는 없습니다. 평상심시도平常心是道라는 선어禪語에서 보듯이 우리 주변은 마음만 먹으면 얼마든지 선적禪的체험을 가능케 하는 것들로 가득합니다.

문제는 스스로 어떻게 계산된 생각으로부터 벗어나 자기본래의 얼굴을 찾으려는 마음으로 회심回心하느냐에 있습니다.

선禪을 좀 했다고 요란을 떨 일도, 공부가 좀 진전이 있다고 과시할 일도 아닙니다.

선은 애초부터 그런 것을 털어내기 위해 하는 것입니다. 선禪 수행자에게 있어 가장 중요한 것은 다만 쉬임없는 정진입니다.

부처님이 열반하실 때 남긴 유촉을 다시 한번 가슴에 새겼으면 합니다.

"모든 것은 무상하다. 부지런히 정진하라."

<열반경>

慈明

1951년 출생
1968년 해인사에서 일타스님을 은사로 득도
1971년 현대시학으로 시인등단, 철학박사
설악산 휴휴당에서 수행중

수행의 요목

수행은 나를 찾는 길입니다. 내가 나를 찾는 것은 우리가 살아가는 데 가장 근본이 되는 것입니다. 세상에 아무리 중요한 일이 있다 해도 내가 태어나 살아가면서 나를 찾는 것만큼 중요한 것은 달리 없을 것입니다.

수행은 먼 길을 걸어가는 것에 비유할 수 있습니다. 길은 어디에로나 열려 있습니다. 고속도로만 길이 아니라 신작로도 길이요, 골목길도 길이요, 산에 난 작은 산길도 길입니다. 어느 길을 가든지 똑바로 목적지에 도달하기만 하면 길을 가는 데는 충분한 것입니다.

그러나 아무 길이나 걸어간다고 다 되는 것은 아닙니다. 때로는 잘못된 길을 가다 보면 엉뚱한 곳에 이르게 될 뿐만 아니라 어떤 경우에는 구렁텅이에 빠져 다치거나 헤어나오지 못할 수도 있습니다.

그래서 바른 목적지를 향해 나아갈 때 꼭 필요한 것이 안내자나 지도입니다. 안내자의 안내를 받던지 지도를 보고 정확하게 걸어가야 바른 길을 걸어갈 수 있는 것입니다.

만약 바른 안내자나 지도 없이 길을 가다가는 백이면 백 모두 헛길을 헤매게 될 것입니다.

우선 무엇보다도 진실한 자신을 만나는 수행의 길에서 간과해서는 안될 것이 바로 근기입니다. 근기는 적성이나 능력이라고 할 수 있습니다. 근기에 따라 자기가 걸어갈 길을 선택하는 것이 중요합니다. 여기서 수행의 길을 선택함에는 스승의 지도가 절대로 필요합니다.

길을 갈 때 안내자가 있어야 하듯 수행하는데 스승의 지도가 꼭 필요한 것입니다. 스승의 지도 없이 수행하는 것은 안내자 없이 길을 가는 것과 같습니다.

그러나 현실적으로 좋은 안내자를 만나는 것은 쉬운 일이 아닙니다. 역시 훌륭한 스승을 만나는 것 또한 용이한 일이 아닙니다. 그래서 차선책으로 우리가 의지할 수 있는 것이 길을 갈 때 좋은 지도책을 보고 길을 잘 찾아가듯, 훌륭한 스승의 가르침이 담겨 있는 경이나 어록을 의지하여 수행을 해 가는 것입니다.

스승의 가르침이 담겨 있는 경과 어록이 바로 우리가 의지할 의지처가 되는 것입니다. 이런 점에서 현재 우리에게 가장 가까이 쉽게 선택하여 실천할 수 있는 수행의 길을 몇 가지 말씀드리고자 합니다.

첫째는 독경讀經입니다. 독경은 스승의 가르침을 배우는 가장 근본적인 수행법입니다. 훌륭한 가르침이 담겨 있는 경을 정하여 항상 독경을 하는 것이 매우 훌륭한 수행법이 되는 것입니다.

〈법화경〉이나 〈금강경〉이나 〈반야심경〉이나 혹은 〈법화경〉 안에서 관세음보살 보문품이나, 〈화엄경〉에서 보현행원품이나 〈법구경〉이나 부처님의 근본 가르침을 잘 담아내고 있는 경 중에서 자기가 좋아하는 경을 선택하여 항상 독경하여 수행해 나간다면 반드시 언젠가는 가르침을 따라 목적지에 도달할 수 있게 될 것입니다.

둘째는 주력呪力입니다. 주력은 불보살님의 명호를 일심으로 염하여 마음을 닦는 수행법입니다. 누구나 쉽게 수행할 수 있기에 모든 사람에게 실행할 수 있도록 이끌어주고 있는 것입니다.

관세음보살이나 아미타불이나 옴마니반메훔이나 여러 불보

살 명호 중에서 자기가 인연에 맞는 것을 선택하여 부지런히 일념으로 정진해 나가는 것입니다.

열심히 정진하다보면 자연히 언젠가는 마음이 안정되고 평안함을 느낄 때가 올 것입니다.

셋째는 수식관數息觀입니다. 수식관은 호흡을 잘 관하여 수행하는 법입니다. 호흡은 우리 생명과 직결되어 있습니다. 우리는 들이쉬고 내쉬는 호흡에 의지하여 우리의 생명을 부지하고 있는 것입니다. 그래서 호흡을 잘 하는 것은 우리의 생명을 잘 사는 길입니다.

또한 수행에서 들이쉬고 내쉬는 호흡을 천천히 자연스럽게 잘 관하여 마음의 안정을 이루고 집중을 해 정진함으로 해서 마음을 닦아갈 수 있는 것입니다.

넷째는 참선 수행參禪修行입니다. 참선 수행의 대표적인 것이 간화선입니다. 간화선 수행은 '이뭣고?' 나, '어째서 개에게 불성이 없다고 했는가?' 와 같은 화두를 들고 정진해 나가는 것입니다.

화두는 의정을 말합니다. 우리가 자아에 대하여 또는 생명에 대하여 혹은 인생에 대하여 큰 의심을 일으켜 바로 적절하게 마음을 집중해 들어가 수행하다보면 새롭게 생명의 실상의 눈을 열어갈 수 있게 되는 것입니다.

여기서 중요한 것은 간절한 마음입니다. 오직 알 수 없는 한 마음으로 자신의 마음을 모아 집중해 정진하다보면 몰록 깨침의 때가 오게 되는 것입니다. 간화선 수행은 꼭 스승의 지도가 필요합니다.

이와 같이 여러 가지 수행의 길이 있어 우리는 자신의 근기에 맞춰 길을 선택하여 부지런히 수행 정진해 나간다면 반드시 깨달음을 성취하게 될 것입니다.

길은 어디에나 다 열려 있습니다. 가고 안 가고는 스스로에 달려 있습니다.

우리가 세상에 태어나 자신의 생명을 바로 깨쳐 살아간다면 이보다 더 좋은 소식이 어디 있겠습니까? 그러니 우리 모두 어서 빨리 발심하여 부지런히 수행의 길을 걸어가도록 해야 하겠습니다. 수행의 문은 누구에게나 활짝 열려 있습니다.

마음이 있는 사람은 모두 스스로 마음의 눈을 뜰 수 있는 길이 바로 수행의 길입니다. 이러한 수행의 요목을 따라 잘 수행해 간다면 반드시 내 마음의 진정한 주인이 될 것입니다.

長谷 계룡산 갑사 주지

1955년 출생
1973년 마곡사에서 진경스님을 은사로 득도
1981~92년 관촉사 · 고란사 주지
1989년 백제불교 사상연구회 설립
1990년 부여 불교문화원 건립 · 원장
제 11 · 12대 중앙종회 의원
1999~2006년 계룡산 갑사 주지

불교가 서야할 땅

사회는 인간의 의지를 넘어선 그 자체의 흐름이 있습니다. 그렇다고 인간의 독특한 개성이나 자유가 사회의 흐름에 매몰되는 것은 아닙니다.

대다수 사람들의 움직임 때문에 우리의 의지와 관계없이 형성된 사회는 각 시대에 따라 그 내용을 달리하게 됩니다. 이렇게 각 시대마다 내용을 달리하는 존재양식을 갖는 사회의 커다란 줄기가 역사를 이루는 것입니다.

때문에 대다수의 사람들 즉 민중들의 모습을 무시 · 외면하고서는 결코 역사의 과정을 옳게 파악하거나 이해할 수 없습니다. 여기에서 민중이란 직접생산자, 피지배자, 다수의 사람, 역사의 주체라는 여러성질을 포함한 낱말로써 그 성격은 시대의 역사적 상황에 따라서 규정되는 구체적인 존재라고 할 수 있습니다.

따라서 만해 한용운 스님이 일찌기 〈조선불교유신론〉에서 제창한 바있는 '불교라고 하는 종교가 장차 진보된 인류문명에 적합할 것인가 아닌가' 하는 문제 제기는 시대적 상황에 있어서 민중의 삶과 민중의 내용을 불교가 얼마나 이해하고 있느냐로 요약되어질 수 있겠습니다.

민중의 삶과 내용을 불교가 파악되고 있다면 민중에게 역사적 희망을 제시해줄 수 있다는 점에서 불교가 갖는 종교의 기능적 영역은 확대될 것입니다.

아울러 불교가 추구하는 궁극적 세계를 위해 민중들 각개인의 마음속 진리에 이르는 최종적 근거(진여眞如 · 불성佛性)를 열어보일 수 있는 것입니다.

이젠 얘기를 좁혀 부처님의 말씀에서 전개시켜 보기로 하겠습니다.

부처님께서는 〈유행경〉에서

"마땅히 자기를 등불로 삼고 법을 등불로 삼을 것이며 다른것을 등불로 삼지 말라. 마땅히 자신에 의지하고 법에 의지하여 다른 것에 의지하지 말라."

고 하셨습니다.

여기에서도 부처님은 인간(민중)을 중심으로 하는 주체사상을 강조하였던 것입니다.

부처님의 이 말씀이 바르게 구현될 때 인간은 스스로 인격의 주체가 되는 자주성과 무한대적인 역사의 창의성을 발휘할 수 있을 것입니다.

이와같은 말을 곰곰히 되새겨 교계의 안팎 사정을 살펴보면 가슴의 한 언저리가 늘 저며와 안타깝기 그지없습니다.

현재 우리나라의 사찰에서는 재정만 확보되면 우선적으로 추진되고 있는 것이 개화 불사라든가 범종주조 · 불상조성등입니다. 이러한 불사는 일단 재고되어야 할 줄로 믿습니다.

그것은 민중의 삶과 직접적인 관련이 없거니와 그보다도 시여施與의 재원을 담당하는 불자들이 그외의 다른 것을 더욱 절박하게 필요로 하기 때문입니다.

애초 불상을 만드는 것 자체를 부처님 당신이 반대하셨던 사실도 있지만 무엇보다도 법이 들어서고 우리의 불자들이 직접적으로 도움받을 수 있는 사회복지기구나 교육을 위한 기관설립 등에 쓰여져야 할 것입니다.

교계 밖으로는 여러 사찰의 분규 사태로 인해 종단의 권위와 명예는 이미 실추되어 있습니다. 또한 올림픽기간 중 국가적 차원에서 치르기로 한 유등제가 일부 기독교인의 편협한 종교심으로 취소되기도 하였습니다.

이러한 때 불교는 독자적이며 막강한 불교세력권의 형성을 위해서라도 진정 이땅의 민중들에게 뿌리박아야 합니다.

그것은 불교의 불교가 아닌 민족의 불교라는 인식에서 출발하는 것입니다.

章允 강화 전등사 주지

1951년 출생
1964년 동화사에서 상묵스님을 은사로 득도
대구보현사 · 은적사 주지
1982년 대구 불교유치원 최초건립
1985년 청송 대전사 · 강화 전등사 주지
중앙종회 8 · 9 · 11 · 12대 의원
1998년 능인학원 이사
2006년 전등사 주지

뿌린대로 거둔다

'콩심은데 콩나고 팥심은데 팥난다' 는 속담이 있습니다. 뿌리지 않은 씨앗은 열매를 맺을 수 없고 노력해야 성공한다는 교훈이 담긴 말입니다. 뿌린대로 거두는 것을 불교에서는 인과법칙因果法則이라고 합니다.

세상의 어떤 사람도 이 법칙으로부터 벗어날 수는 없습니다. 설사 잠시는 벗어날 수 있다고 해도 언젠가는 반드시 지은대로의 과보를 받게 됩니다.

전부라고는 할 수 없지만 세상에는 당연한 원리를 외면하고 뿌리지도 않은 채 거두려고만 하는 한심한 사람들이 있습니다.

남이 이룩한 성공을 가로채거나 분수에 넘는 결과를 손에 넣으려는 사람들입니다.

얼마전 모재벌회사의 회장이 「인간이 되시오.」라는 말을 남기고 투신자살한 충격적인 사건이 있었습니다. 정상적인 방법을 외면하고 교묘하게 재산을 모으다가 끝내는 사불여의事不如意하여 자살과 구속, 파산이라는 파국을 몰고온 사건이었습니다.

멀쩡한 사람을 자살로까지 몰고간 이 사건은 「콩심은데 콩난다.」는 교훈을 잊고 살아온 사람들이 자초한 비극적인 결말입니다. 누가 시켜서도 강제해서도 아닌 자업자득自業自得의 결과입니다.

공개되지 않아서, 터지지 않아서 그렇지 이같은 사건은 얼마든지 있을 수 있습니다. 솔직하게 말하면 웬만한 사람치고 「나는 정직하다.」고 자신있게 말하기가 어려운 것이 업보業報로 사는 중생의 삶입니다.

뿌리지 않고 거두려는 일은 도처에서 목격됩니다. 추석을 맞아 오랫만에 고향에 내려가기 위해 새벽부터 승차권을 사려고 줄을 서는 사람이 있는가 하면 약삭빠르게 새치기로 표를 끊는 사람도 있습니다. 줄 선 사람의 고생을 한 순간에 추월해 버리려는 것입니다.

관광지 숙박업소가 시즌만 되면 바가지 요금을 받는 것이라든가 속은 형편없는 사람이 터무니없이 높은 대접을 받는 것도 인과因果의 정리定理에 어긋나는 일입니다.

시험때가 되면 자식의 고득점高得點을 바라는 부모들이 교회나 절을 찾아 기도와 불공을 하는 것도 같은 맥락에서 생각해 볼 일입니다. 물론 자식 잘되기를 바라는 부모의 심정은 충분히 이해가 갑니다.

그것은 비난할 일이 아닙니다. 오히려 당연하고 아름다운 모정母情이라 할 수 있습니다. 그러나 이치를 따진다면 시험이란 공부한 만큼의 결과밖에 가져올 수 없는 것입니다.

만약 기도나 불공을 해서 고득점을 했다면 엄밀할 뜻에서 그것도 시험 부정입니다. 그러나 다행히도 부처님은 그런 부정을 허락하지 않습니다.

오직 평소에 부지런히 노력한 사람만이 성공할 수 있다고 가르칩니다.

불교의 가르침은 인간이 비상식적으로 살려고 하는 것에 대해 제동을 걸고 바른 삶을 제시하는 종교입니다. 노력 이상의 것을 바라는 것이 옳은 일이 아니라면 부처님도 허락할 리가 없습니다.

남을 속이거나 남의 몫을 가로채서 잠시 횡재 만난 기분인 듯해도 그것은 결코 오래가지 못합니다. 남의 물건을 훔치고 편안한 마음으로 잠자는 사람은 없습니다.

편안한 잠 못자는 것만해도 고통이지만 형벌은 그것으로 끝나지 않습니다. 반드시 덜미가 잡히고 부끄러운 꼴을 당하게 됩니다.

"선악의 과보는 그림자가 형태를 따르는 것과 같다. 삼세三世의 인과가 휘돌아 없어지는 일 없으니 경솔하게 악업을 지어 괴로움을 자초하지 말라."

〈니건자경尼乾子經〉에 있는 부처님 말씀입니다. 공짜 좋아하는 사람, 뿌리지 않고 거두려는 사람은 새겨들어야 할 말씀입니다.

載成 남양주 석천암 주지

정치하는 부처님들!

최근 신문을 보면 참으로 재미있는 점을 볼 수 있습니다. 정치하는 사람들의 마음속을 이리 저리 엿볼 수 있기 때문입니다.

'국민을 위해서', '대부분의 국민들이 나를 지지하기 때문에' 라는 확인하기 곤란한 미명美名을 내세워 제각기 자신의 주장을 펴고 있습니다.

우리 산승들은 불문佛門에 들어서 출가한 몸으로 세속에는 전혀 뜻이 없고 전문지식도 없습니다. 하지만 우리 국민 모두의 안녕을 위해서 나라를 걱정하지 않을 수 없기에 이렇게 문외한이 법석法席을 마련하는 것입니다.

정치에 뜻을 두고 있는 부처님들이여! 여러분들은 항상 '국민을 위해서' 정치를 한다고 하는데 말만 앞서고 행동이 뒤따르지 않으니 못내 아쉽습니다.

부처는 부처이되 아직 미완의 부처이기 때문에 마음속의 아집과 독선이 우리 건전한 국민들의 눈에는 명확히 보이는 것입니다.

국민을 존경하고 두려워 한다면 어찌 이같이 자기 주장만 펼 수 있겠습니까. 일찌기 중도中道를 모르고 화합할 줄 모르던 조선시대의 정치가들이 사회를 혼란으로 이끌고 국가를 위기에 처하게 했던 사례를 익히 알고 있습니다. 멀리 갈 필요도 없이 올 봄에만 하더라도 우리 사회는 얼마나 혼란하였습니까.

민주화의 논의가 시작된지 불과 몇 달이 지났을 뿐인데 벌써 그 교훈을 잊어버린다면 안타까운 마음 금할수 없습니다. 진실로 국민을 위한다면 자신의 모습을 한번 정확히 짚어볼 필요가 있습니다.

우리 모두는 너무나 자신들을 과대평가하는 경향이 있습니다. 물론 잘난 사람이면 그 잘난 것을 잘났다고 말하는 것이 잘못된 것이 아닙니다. 하지만 진실로 잘난 사람은 자신을 잘났다고 하지 않는다는 사실을 알아야 할 것입니다.

우리 사람들에게서 찾아 볼 수 있는 최선의 미덕이란 결국 자신을 낮춘다는 것으로써 확인할 수 있을 것입니다. 친구들과도 우의를 지속시키고 우애를 깊이 하려면 믿고 사랑하기에 앞서 자신을 겸허히 하는 것이 최선의 길임을 우리는 경험으로 소중히 알고 있습니다.

어느때 우리는 교만할 수도 있습니다. 그 당시 우리는 교만할 만큼의 위치에 있었다고 생각할 수 있습니다. 하지만 그렇다고 해서 교만하면 곧 고독이 따라 옵니다. 항상 자신을 낮추는 겸손한 사람에게 복이 오는 것입니다.

야운비구野雲比丘의 〈자경문自警文〉에 보면

자신을 지나치게 높이고
다른 사람을 업신여기지 말라.

切莫妄自尊
大輕慢也人

는 구절이 있습니다.

이말은 곧 남들이 자기를 공경하게 하는 원인이 되는 구절입니다. 즉 많은 사람의 머리위에 다니고자 하거든 먼저 모든 사람의 발밑으로 다녀야 한다는 뜻입니다

하지만 우리는 가장 평범하고 쉬운 「겸손하라」는 이 말을 쉬 잊어버리고 삽니다.

우리는 남의 머리위에만 오르려고 하지 발밑으로 들어가려 하지 않습니다. 이와같은 모습은 물론 나를 포함한 우리 모두의 실상이기도 합니다.

그렇지만 우리 모두를 이끌고 가는 우리의 지도자에게만은 이와같은 범부의 행동규범을 초월하여 좀더 높고 깊은 행동규범을 갖고 있기를 바라는 마음이 간절합니다.

그리하여 국민위에 군림하지 않고 진실로 국민을 존중할 줄 아는 지도자를 우리의 심부름꾼으로 부리고 싶은 것입니다.

正觀

1933년 출생
1954년 범어사에서 동산스님을 은사로 득도
1972년 범어사 주지 금정학원 이사장
1992년 불교어린이 포교 후원회장
부산 영주암 회주

간절한 마음이어야 한다

달마에 이어 중국선종의 2조二祖가 된 혜가慧可의 단비구법斷臂求法의 법문은 언제 들어도 섬짓한 감동을 불러 일으킵니다.

어느 추운 겨울날 한 젊은이가 달마대사를 찾아와 진리를 가르쳐 달라고 말했습니다. 그러나 달마대사는 벽만 바라보고 앉았을 뿐 아무 대답도 하지 않았습니다.

흰눈은 펄펄 날려 무릎까지 쌓였는데 스승은 기척을 하지 않자 젊은 구도자는 자신의 팔을 잘라 스승에게 받쳤습니다. 구도求道에 대한 굳은 신념을 나타낸 표시였습니다.

스승은 그때서야 돌아앉았습니다.

"스승님, 저의 마음이 편치 못합니다."

"그러면 편치 못한 마음을 가져 오너라. 내가 너의 마음을 편안케 해주겠노라."

"마음을 아무리 찾아도 얻을 수 없습니다."

"내가 이미 너의 마음을 안심安心케 했노라."

혜가단비의 구법화求法話는 두가지 테마로 구성돼 있습니다. 하나는 간절한 구도심에 관한 것이고, 또 하나는 선문답禪問答의 전형이 된 안심安心에 관한 부분입니다.

그러나 안심安心에 관한 얘기는 평상적인 사람들로써는 쉽게 이해되지 않는 부분입니다. 그야말로 선문답禪問答이어서 간절하고 깊은 경지가 아닌 사람은 납득이 어렵지만 감동적인 것은 앞부분의 얘기입니다.

흔히 진리를 구한다는 것은 「목숨을 건 도박」이라고 말들을 합니다. 하지만 진정으로 진리를 위해 목숨을 걸었던 사람은 그리 흔하지 않습니다. 그러면서도 모두 「진리를 위해 목숨을 걸었다」고들 말합니다.

그것은 한마디로 거짓이고 위선입니다. 거짓으로 진리를 깨달을 수는 없습니다.

혜가스님이 팔을 자른 것은 더 이상 물러설 수 없는 간절한 진실에 의해서입니다. 그 간절함이 마침내 안심安心을 얻게한 것입니다.

어디 진리 뿐이겠습니까. 세상의 모든 일이 다 그렇습니다. 목숨을 걸만큼의 간절함을 갖는다면 이루어내지 못할 일이 아무것도 없습니다.

옛말에 「지성至誠이면 감천感天」이라고 했습니다. 지성이란 글자 그대로 성실을 다했다는 뜻입니다.

대학입시를 앞둔 수험생이 지성至誠에 이르는 공부를 했다면 낙방할 이유가 없습니다. 지성은 바로 간절함이고, 그 간절함은 모든 어려움을 이겨낼 힘이 되기 때문입니다.

사랑도 마찬가지입니다. 지성至誠을 다하고 목숨을 걸만큼 간절한 사랑은 한번도 이루어지지 않은 적이 없습니다. 간절한 마음은 곧 기도하는 마음입니다.

모든 것이 실패로 끝나는 것은 목숨을 건 것처럼 흉내내기 때문입니다. 기도하지 않고 진실이 부족하기 때문입니다. 우리가 정말로 근심하고 걱정해야 할 것은 왜 혜가스님처럼 팔을 끊을 만큼의 간절함을 갖지 못하느냐 하는 것입니다.

우리의 일상을 되돌아 보면 세월을 낭비하면서 한가로운 시간을 보내는 것이 대부분입니다. 그렇지만 인간에게 있어 인생이란 결코 긴 것이 아닙니다.

특히 어떤 목적을 가진 사람에게 있어서는 하룻밤을 헛되게 보낸다는 것은 목적을 가진 삶을 그만큼 짧게 만드는 것이 되고 맙니다.

〈장노게경〉이라는 불경을 보면 이런 말씀이 나옵니다.

"하루의 광음은 짧다고 할지라도 그것을 헛되이 하지말라. 하룻밤을 버리는 것은 그대의 생명을 멸하는 것과 같다."

〈열반경〉에도 비슷한 말씀이 있습니다.

"모든 것은 쉬지 않고 변한다. 부지런히 정진하라."

인간은 아무 까닭없이 태어난 것이 아닙니다. 모두에게는 목적이 있고 그것을 이루어 가는 보람의 삶을 위해 태어났습니다. 불교는 그 삶을 간절하게 살것을 가르칩니다.

현재라는 순간에 모든 관심과 노력을 집중시켜 간절한 마음으로 살아야 합니다. 기도하듯 간절하게 살아야 합니다.

正默

1930년 출생
1970년 석주스님을 은사로 출가
온양 보문선원 주지
충남보령 도리사 회주
대한불교 예술대학 회주

지혜로운 삶

'검은 머리 파뿌리 되도록 서로 마음변치 말자' 고 맹세한 연인들이 결혼한지 불과 몇년도 지나지 않아 서로 비난하며 법정에 서는 모습을 종종 봅니다. 처음 만남이 이루어졌을 때 사람들은 대부분 자신의 장점, 아름다운 모습을 보이고자 노력하게 마련이고 따라서 서로 상대방의 좋은 면만을 보고 느끼고 믿게 됩니다.

그러나 세월이 흐르면 흐를수록, 사이가 가까와 지면 가까와 질수록 사람들은 자신의 적나라한 모습을 드러내게 마련이고 막연하게나마 아름답게 생각하던 모습과는 달리 서로의 실상實

相을 확일할 때 혐오감을 느끼고 증오심을 품게 됩니다.

실제의 모습을 보고 확인하는 삶의 자세가 얼마나 중요한 지는 새삼 강조할 필요가 없을 것입니다. 우리는 종종 「그럴것이다」라고 생각하고 믿었던 관념이 허망하게 깨지는 것을 경험하곤 합니다.

어떤 사람이 밤길을 가다가 물컹하고 발에 무엇이 밟혀 엉겁결에 「아이쿠 뱀이구나」하며 소스라치게 놀랐습니다. 공포심 때문에 발에 밟힌 것을 뱀이라 생각은 하였지만 확인결과 그것은 노끈이었고 그 노끈의 본디 모습은 삼麻이었습니다.

이 경우 뱀은 망집妄執에 의한 착각이므로 변계소집상遍計所執相이고, 노끈은 임시로 만들어진 모습이므로 의타기상依他起相이며, 삼은 노끈의 실체이므로 원성실상圓成實相이라 합니다. 변계소집상이란 우리가 「그럴 것이다.」라고 생각한, 착각에 의해 상정想定된 모습이고, 의타기상이란 어떤 것을 재료로 하여 임시로 조합된 모습이며, 원성실상이란 곧 실체를 뜻합니다.

사물을 보고 확인하지 않는 자세는 이처럼 실제와는 거리가 먼 꿈같은 생각 속에 사는 삶을 빚을 수밖에 없습니다.

꿈속에서 임금이 되든, 갑부가 되든, 어떤 화려한 삶을 살든지 깨고 나면 그저 허망한 것처럼 망집妄執을 보배인양 안고 사는 삶은 허망하기 이를데 없는 것입니다.

법요식 때나 행사때마다 〈반야심경〉을 봉독하면서도 오로지 외우기만 할 뿐 그속에 담긴 고귀한 가르침을 알고 실천하는 불자들은 드뭅니다. 심경의 한 귀절은 이렇게 강조하고 있습니다.

"구도자求道者는 존재의 지혜로운 속성에 의지하여 살므로 마음에 거리낌이 없고 마음에 거리낌이 없으므로 두려움이 없으며 뒤바뀐 꿈같은 생각을 여윌수 있게 된다."

사람의 마음은 지혜로운 마음과 탐욕, 어리석음에 의해 혼미해진 마음으로 대별大別됩니다. 전자前者가 존재의 지혜로운 속성이라면 후자後者는 존재의 어리석은 속성입니다.

어느 것을 선택 하시겠습니까? 자신의 두가지 속성 가운데 어느 속성에 의지하여 삶을 영위할 것인지는 우리가 선택하고 결정해야 합니다. 어리석은 속성에 의지하여 망집妄執에 의해 빚어지는 꿈같은 생각 속에서 꿈처럼 허망하게 살 것입니까?

부처님께서는 〈반야심경〉에서 지혜로운 마음에 의지하여 살라는 부처님의 가르침을 실천에 옮기는 일이라 하였습니다.

존재의 지혜로운 속성에 따라 사는 방법은 부처님의 가르침이라고 해서 막연하게 믿을 것이 아니라 보다 철저한 의문을 갖고 부처님의 가르침을 보고 확인하고 실천하는 것입니다. 경전에는 존재의 지혜로운 속성에 따라 지혜롭게 하는 방법이 분명하게 제시되어 있습니다.

정수 내원사 주지
서울 성북구 사암연합회 회장

정성드리는 마음

우리는 어릴적부터 정성을 드리라는 말을 많이 들어왔고, 정성들이는 모습을 할머니, 어머니, 그리고 이웃 어른들의 모습에서 많이 찾아 볼 수 있습니다.

그러면서도 정성을 드린다하면 재물이나 높은 산의 절, 암자 등에서만 드리는 것으로 착각하는 경우가 많은 것 같습니다. 물론 부처님 앞에서 정성들이는 것이나 타종교에서 기도하는 마음이 모두가 정성스런 마음입니다. 하지만 정성이란 꼭 어떤 특정한 장소에서만 드릴 수 있는 것이 아니라 어디에서든지 그 마음가짐이 중요합니다. 정성이란 거짓이 없고 간절한 마음으로 빌어야 그야말로 "정성"이 되는 것입니다. 정성을 다해 모르는 이에게 지식을 가르치고, 정성을 다해 사랑을 바치는 마음, 정성을 다해 국가에 봉사하는 마음, 정성으로 이웃을 보살피는 마음, 이 정성어린 마음에 누가 저주하고 시기하며 질투하겠습니까. 부처님이 계신 법당에서 정성들이는 마음은 그 누가 시켜서가 아니요, 그 많은 신도들의 자성自性에서 우러나오는 그저 거짓과 욕심없는 정성이라고 하겠습니다. 그런데 우리는 흔히 정성들이는 것을 너무 힘들고 신비한 것처럼 생각하고 있지 않나 하는 걱정이 됩니다. 정성精誠을 드린다하면 꼭 절이나 높은 산, 강에 가서 드려야만 되는 것으로 착각하면서 정성들이러 간다는 말들을 하고 있습니다. 그러면서 정성속에 일반적이고 상투적인 말로 기도하고 있는 것 같습니다.

일정한 장소가 아니더라도 일정한 법회가 아니더라도 항상 정성들이는 마음으로 수행修行을 쌓아 생활 전반에 적용해 나간다면 그것이야 말로 평생 정성이요 기도가 될 것입니다.

우리는 항시 정성들이는 마음으로 집에서나 길에서나 직장에서나 잠자리에 들때나 정성어린 마음으로 살아야 합니다.

옛날 우리네 어머니들께서는 길가다 성황나무에 굽신거리며 자기 소원 성취를 빌 때 정성을 다해 절하는 모습, 거대한 바윗돌을 보고도 합장하고 굽신거리며 정성껏 자식과 가운家運을 비는 정성어린 합장, 이것이야말로 몸에 익혀진 정성들이는 마음이요, 기도가 아니겠습니까. 어느 절에 들어가 100일 불공하고 기도하고 정성을 드려야만 반드시 정성들이는 것인양 착각을 해서는 안 됩니다.

정성은 조상의 제물을 준비하는 과정부터 제를 바치는 순간까지, 그리고 공양供養을 올리는 순간까지 숭고하고 거짓이 없는 마음가짐이 곧 정성인 것입니다.

대화속에서도 정성어린 대화를 할 때 모든 사람과의 의사가 소통될 수 있는 것입니다. 우리 인생사도 거짓없이 진실은 참되게 살아나갈 때 참 즐거움과 참 삶의 보람을 얻게 되는 것입니다.

거짓없는 진실한 마음이란 참 정성어린 마음가짐이 온 몸에 배어서 어느 때, 어느 것에서도 정성스런 마음으로, 정성들이는 마음으로 살아간다면 그 정성의 공덕이 은연중 주위에 전해져서 나를 즐겁게 하고 편안하게 하고 행복하게 할 것입니다.

그러므로 우리는 항상 어디에서나 정성들이는 마음자세로 살아간다면 나의 분노는 저절로 멀리 사라지고 참된 인간의 불성이 싹터 나를 찾게 되고 나를 자각하게 되는 것입니다.

또한 모든 불자들은 스스로 자기 자신을 밝은 등불로 여기고, 자신을 스스로 믿어야 합니다.

그러므로 함부로 다른 사람을 의지하지 말아야 하며, 올바른 가르침을 등불로 생각하여 결코 잘못된 가르침을 믿지 말아야 합니다.

자신을 침착하게 잘 관찰하여 더러운 것에 탐착하지 말아야 하며, 또한 자신의 마음을 잘 들여다 보고 마음속에 정처없이 일어났다 사라지고 또 사라졌다 일어나는 것이 모두 무상無常한 것임을 알아서 집착하지 말 것이며, 일체의 사물을 조심하여 자세히 살펴보되, 그 가운데 나라는 자신이 없다는 것을 생각하고 그렇게 무상한 사물에 끌려서 미혹되지 말아야 합니다.

도를 닦는다는 골자는 마음을 닦는다는 것에 있으므로 허영심을 억제하여 자기를 극복하고 이기는데 힘을 기울여 항상 탐심을 버리고 집착을 멀리하면서 분한 마음을 눌러 없애도록 하고, 악행을 멀리 하여 언제나 세상만물이 무상하다는 일을 숙고하고 잊어서는 안되는 것입니다.

마음이 떳떳하지 못하고 요망스러우며 어두운 길에 잘못 들어가 욕심과 탐심에 붙잡히게 된다면, 이를 억제하여 없애는데 힘쓰는 것이 자기가 참된 마음을 찾아서 주인을 삼는 길이 됩니다.

마음은 사람으로 하여금 부처를 만들어 내게도 할 수 있고 또 축생畜生을 만들어 내게도 할 수 있는 것이라 요망스럽고 떳떳하지 못한 일에 미감迷惑되면 악귀가 되고 마는 것입니다.

그와 반대로 깨쳐서 사邪를 멀리하고 마음을 닦으면 부처가 되는 것이로되, 이 모두가 마음이 시키는 작용이라는 것을 알지 못하면 안됩니다.

그러므로 마음을 바르게 갖고 모든 도리에 차질과 위배됨이 없이 올바르게 도리를 닦아, 나아가서는 행실을 바르게 실천하도록 힘써야 할 것입니다.

수도하는 사람은 수도의 고행과 그 과정을 낙으로 삼고, 크지 않는 일에 신경을 써서 모사하지 말고, 쓸데없이 미미한 일에 시간과 노력을 허비하지 말며, 깨달음에 있어서 꽃을 피우게 하고, 도의의 열매를 맺게하여 부처님의 교리를 이어받아 나고 죽는 것을 없애어 미혹에 빠져 있는 중생을 구제하여 주는 일을 잊어서는 안됩니다.

사람의 본실은 원래 깨끗한 것이지만, 모든 물욕에 유인되고 매혹되어 마음속까지 어둡게 되는 까닭에, 인생의 근본문제는 물질만으로는 해결하기가 매우 어렵습니다.

頂宇

1952년 출생
1965년 통도사에서 홍법스님을 은사로 득도
1998년 불교텔레비전 사장 · 불교방송 이사
2006년 (현재) 구룡사 주지

1

안달하지 말라

감히 말하거니와 이 세상에서 불교만큼 사유思惟의 깊이와 관용의 폭이 큰 종교는 없습니다.

부처님의 가르침은 심심미묘해서 파고들어 갈수록 그 밑바닥은 무궁무진합니다.

남비처럼 금방 뜨거웠다가 금방 식어버리는 그런 따위의 믿음이나 수행으로는 궁극에 이를 수 없습니다.

시간적으로는 무한한 과거와 현재와 미래에 걸쳐야 하고 공간적으로는 시방세계十方世界에 두루 퍼져 걸림이 없는 것이 부처님이 가르친 진리입니다. 경經에 자주 표현되는 '시방세계十

方世界가 다하도록 보살행을 닦는다.'는 말씀은 불교의 이상이 얼마나 심원한가를 잘 말해주는 구절입니다.

불교는 인내와 저력을 필요로 하는 종교입니다. 우리는 흔히 세상살이가 마음대로 되지 않는다고 좌절하고 그렇게 된 원인이 남에게 있다고 생각해 원망하는 마음을 갖기가 예사입니다.

그렇지만 다시 한번 삶의 실상을 곰곰히 생각해보면 그것이 얼마나 잘못된 것인지 알 수 있습니다.

사람의 마음이란 원래 고정된 것이 아니라서 인연따라 변하는 것을 속성으로 합니다. 모든 사람의 마음이 다 그런 것이라면 내뜻에만 맞게 세상이 움직여줄리가 만무합니다.

이점을 생각지 않고 세상이 마음대로 되지 않는다거나 목적한 일이 빨리 이루어지지 않는다고 안달하는 것은 옳지 않습니다.

강물이 유유히 흐르듯 인간의 삶도 삼세의 인연을 따라 흘러갑니다. 우리가 잠시 살다가는 이승의 삶은 우주적 시각에서 보면 하나의 티끌에 불과하고 영원의 길목에서 보면 찰나에 지나지 않습니다.

미묘한 것은 찰나를 사는 티끌과 같은 삶이라도 어느 것 하나 혼자서 그렇게 되는 법은 없다는 사실입니다.

길가에 핀 한송이의 풀꽃, 허공을 날으는 작은 들새 한마리도 시간이라는 씨줄과 공간이라는 날줄이 교직交織된 인연의 조화 이기도 합니다.

사람들은 이 점을 잊고 삽니다. 그래서 〈법화경〉은 이러한 중생의 삶을

"여래께서 방편으로 말씀하신 법을 듣지 못하고, 알지 못하고, 깨닫지 못하여 묻지도 않고 믿지도 않고 이해하지 못한다."

고 지적 하였습니다.

우리가 불교를 믿고 닦는 뜻은 이처럼 전도된 생각을 바로하기 위해서입니다. 생각을 바로 세우게 될 때 우리는 조급함과 좌절을 딛고 일어설 수 있습니다.

옛 스님들이 한 생을 바쳐서라도 진리를 깨닫겠다는 서원을 세운 것은 남비처럼 금방 달아오르는 믿음이 아니라 두꺼운 가마솥 처럼 오랜 기간 달구어 일으킨 마음입니다.

아뇩다라삼먁삼보리(무상정등각無上正等覺)의 성취는 이같은 대 근기에 의해서만 가능합니다.

눈앞에서 당장 일이 이루어지지 않는다고 팔닥팔닥 뛰다가 금방 시들해지는 자세로는 결코 안됩니다.

그것은 마치 42.195㎞를 뛰는 마라톤과 같습니다. 마라톤은 처음에 앞서 달린다고 끝까지 뛸 수 있는 경기가 아닙니다. 꾸준하게 자기 페이스를 유지 하면서 오래 참고 견디는 저력을 가져야 합니다.

이렇게 사는 사람은 결코 작은 일에 쉽게 실망하지 않습니다. 〈법화경〉은 다시 이렇게 말합니다.

"어떤 사람이 비록 진리를 묻지도 않고 믿지 않고 이해하지 못하더라도 내가 아뇩다라삼먁삼보리를 얻게 되면 그 사람이 어디 있더라도 신통과 지혜의 힘으로 이끌어서 이 법法 가운데 머물게 되리라."

다시말해 내가 바르고 곧게 서고 꾸준히 정진하는 곳에 이웃과 국토가 새로와진다는 것입니다. 이점을 망각하지 않는 한 수행의 공덕은 저절로 이루어질 것입니다.

2

불교는 인간학의 실천

"불자들아, 세상에 여섯 가지 만나기 어려운 것이 있거늘
내가 이미 만났으니 어찌하여 나쁜 감각을 마음에 두겠는가.
무엇을 여섯 가지라 하는가?
첫째는 부처님 세상을 만나기 어렵고,
둘째는 바른 법 듣기 어렵고,
셋째는 두려운 마음을 일으키기 어렵고,
넷째는 좋은 나라에 태어나기 어렵고,
다섯째는 사람의 몸을 얻기 어렵고,

여섯째는 모든 기관이 구족하기 어려우니라.
이 여섯 가지는 얻기 어려운 것인데, 내가 이미 얻었으니
그러므로 나쁜 감각을 일으키지 말아야 할 것이니라."

우리가 우리를 지칭할 때 불자라고 합니다. 즉 부처님의 제자라는 이야기이며, 우리는 부처님의 아들딸이기도 합니다. 여기서 부처님이란 다른 종교처럼 그 대상을 정해 놓고 말하는 것이 아닙니다.

불종자를 키우고 있는 우리들이 꽃을 피우고 열매를 맺고 결실을 거두는 것을 깨달음이라고 말할 수 있습니다. 만약 누군가 제게 "불교는 무엇입니까?" 물어 온다면, 저는 스스럼없이 "불교란 인간학입니다."라는 답을 하겠습니다.

여기서 인간이란 가장 사람다운 품성을 지니고 따뜻하고 편안하고 넉넉하고 너그러우며, 이러한 삶의 현장에 있는 분을 인간다운 사람이라고 할 것입니다.

부처님의 팔만장교의 가르침은 결국 사람이 사람답게 살아가는 지침서라 보아도 결코 틀리지 않을 것입니다. 그런데 사람이 사람답게 살아가는 데 있어서 우리에게 무엇이 필요한 것인가? 그것은 바로 수행이라고 하는, 정진이라고 하는 삶 속에서 진실되고 정직한 사람이 성실하게 살아가는 모습이라고도 합니다.

이러한 행동, 이러한 행위를 통해 우리들은 모습을 갖추어 나가며, 이를 수행 정진하는 목적은 고통과 괴로움을 없애기 위한 방법이 아니라 그 고통과 괴로움을 이용해서 마음을 성숙시키고자 하는 가르침이라 보시면 될 것입니다.

앞에서 저는 우리가 만나기 어려운 여섯 가지를 이미 만났다는 경전의 내용을 말씀드렸는데, 첫 번째는 부처님 세상 만나기 어렵다 입니다. 다시 말하면 인간이 인간답게 살아가는, 정직한 사람이 성실하게 살아가는 그런 만남들이 결여된 세상, 물질은 풍요로운데 정신은 점점 피폐되어가고 있고, 욕구는 자꾸 늘어서 목마른 그런 세상이 아니라 서로가 서로에게 관심을 갖고 배려하고 친절하게 배려할 수 있는 그런 세상이 부처님 세상이라고 합니다.

두 번째는 바른 법 듣기 어렵다 입니다. 저는 이럴 때마다 생각나는 말씀을 전하고 싶은데, 그것은 바로 여러분들은 복이 있다는 것입니다. 제가 잘나서 여러분들이 복이 있다는 것이 아니라 우리는 1,600년 한국 불교사의 삼보 사찰인 불지 종가 국지대찰 양산 통도사의 작은 집이라는 것입니다.

양산 통도사에 꽃피고 열매를 맺은 그 결실을 따서 양재동 구룡사에 오롯이 심고 구룡사에 짧은 시간에 꽃피우고 결실을 거둔 그 불종자의 씨를 다시 일산에 심었으니, 결국 여러분들은 본사를 통도사에 두고 있습니다. 여기에 부처님 법 듣기 어려운데, 좋은 도량에서 좋은 도반과 좋은 스승을 만나서 어울림을 가지는 모습이 있습니다.

셋째는 두려운 마음 일으키기 어렵습니다. 요즘은 자기 좋은 대로 생각하고, 내가 지금 어디에 있느냐에 따라 생각이 달라지는 그런 이들이 많습니다. 저는 '정우' 보다는 구룡사를 더 생각했습니다. 여래사보다 구룡사를 더 생각합니다.

왜냐하면 고맙기 때문입니다. 불과 21년 전에 서울 올라와서 20평 천막으로 시작했는데 이 시대 목마름과 갈증이 얼마나 심했으면 못난 정우 옆에 그렇게 많은 불자들이 모이고 이곳저곳 신도시에 작게나마 상가 건물을 하나씩이라도 분양받아 20여 개가 넘는 도량을 이룩하게 한 중심에 구룡사가 있습니다. 그런데 구룡사 · 여래사보다 더 생각하는 절이 제게 있는데 그것은 통도사입니다. 그런데 통도사보다 더 생각하는 곳이 있습니다. 바로 조계종입니다. 하지만 조계종보다 더 생각하는 곳이 제게 있습니다. 그것은 불교입니다.

저는 내일 모레 티벳 오지에 약품을 가지고 또 다시 순례의 길에 오릅니다.

불교보다 더 중요한 것이 이 나라, 이 백성, 이 사회일 것인데 제 마음은 거기까지 미치지 못하고 있습니다. 그러고 보면 정우도 아직까지 덜 여문 것 같습니다. 분명 불교까지는 마음이 가는 것 같은데 불교보다 더 생각해야 할 것은 중생들이고 더 생각해야 될 것은 이 사회인데, 이론적으로는 미치지만 내면적인 세계에서는 이와 같은 생각이 다다르지 못하는 허물을 여러분들에게 드러냅니다.

이 세상에서 두려운 마음을 가지려면, 어떤 마음을 가져야 두려워하는 마음을 가지고 살 수 있을까요? 대통령도 국민을 두려워하는 마음을 가져야 왕도 정치를 한다고 합니다. 그런 두려운 마음을 가지는 것은 어떤 마음이 있을 때 가능할까요? 인과를 믿고 윤회를 부정하지 않는 사람은 두려운 마음을 가질 수 있습니다.

생각해 보십시오. 우리는 지금까지 잘 살아 왔습니다. 최소한 장사를 한다면 본전치기는 했습니다. 본전치기만 했다 하지만 여기서 이익이 났으니 먹고 살았습니다. 우리는 금생에 본전치기만 해도 다음 생에 반드시 사람으로 태어날 수 있습니다. 이런 확신과 신념이 있어야 합니다.

불교는 좋은 세상은 아니지만 지옥, 악귀, 축생이라는 삼악도가 있고 아수라, 인간, 천인이라는 삼선도가 있습니다. 착한 세상이 3군데고, 악한 세상이 3군데라 하는데 이것을 육도라 합니다. 거기에 태란습화胎卵濕化, 태로써 알로써 습한 기로 화해서 무형이 유형으로 변화되는 그런 생명체까지, 두 발 가진 것, 네 발 가진 것, 여러 발 가진 것, 발 없는 것, 생각 있는 것, 생각 없는 것, 생각 있는 것도 아니요 없는 것도 아닌 중생들이 지금 이 세상에는 살고 있다는 것입니다. 우리가 조금 전에 불교는 인간학이라 말씀드린 것처럼 불교를 믿는 불자는 바로 인과를 믿고 윤회를 부정하지 않는 사람이 불자라는 것입니다.

인과란 무엇입니까. 선인선과, 악인악과. 선하게 살면 좋은 결실을 맺고 나쁘게 살면 나쁜 과보를 받는 것입니다. 윤회라는 것을 부정하지 않고 인과를 믿는다는 것은, 바로 내가 잘 살면 좋은 세상에, 잘못 살면 나락에 떨어지고마는 그 이치를 믿는다는 것입니다.

그래서 우리는 두려운 마음은 벌벌 떠는 것이 아니라, 공포에 사로잡히고 두려움증에 잡혀 오도가도 못하는 그런 인생이 아니라, 여기서 두려운 마음이란 인과를 믿기 때문에, 윤회를 부정하지 않기 때문에 세상을 함부로 살면 안 된다는 이 마음이 두려운 마음이라는 것입니다.

이 두려운 마음이라는 것은 힘이 없어서, 불안해서 두려운 마음을 내는 것이 아닙니다. 힘이 있어도 두려운 마음 일으키지 않는 것은 횡포라 할 수 있습니다. 여기서 '두려운 마음' 을 불교적 언어로 이야기하면 자비심을 말하는 것이고, 세속의 언어로 말하면 왕도 정치라 이야기할 수 있는 것입니다.

濟願

1946년 출생
1970년 관응스님을 은사로 득도
1982~90년 미국 워싱톤 법주사 주지
1991년 조계종 사회부장
1993년 춘천 청평사 주지
2006년 길음종합사회복지관 관장(현재)

여유있는 삶

어느때인가 몇사람의 동료 스님과 뉴욕주의 「베어 · 마운틴」을 여행하게 되었습니다. 저녁때가 되어 식당을 찾게 되었는데 상당히 넓은 홀에서 수많은 손님들이 저녁식사의 즐거움을 만끽하고 있었습니다.

우리도 뒤늦게 한 테이블을 얻어 종업원이 마련해준 저녁을 막들려는 찰나 갑자기 뒤에서 천정이 무너지는 듯 한 소리가 들렸습니다. 깜짝놀라 고개를 돌려보니 사람 키만큼 쌓아 놓았던 세줄의 접시 더미가 여종업원의 실수로 무너져 단번에 박살이 나는 순간이었습니다.

재미있는 것은 그 다음 순간이었습니다. 접시가 깨지는 순간과 거의 동시에 옆좌석의 몇분의 노신사들이 힘찬 박수를 보내는 것이었습니다. 그것은 여종업원 실수에 대한 따뜻한 위로의 박수였습니다. 나는 그 순간 「아! 바로 이것이 서양인의 여유로구나.」하는 생각이 들었습니다.

수백명의 손님들 시선으로 얼굴이 홍당무가 된 그 여종업원은 노신사분들이 던진 박수로 인하여 다시 여유를 찾고 그 산산조각이난 접시들을 웃으며 줍고 있던 그 모습속에서 많은 것을 생각 할 기회를 갖게 되었습니다.

나는 요즈음 불사佛事관계로 서울에 와서 상당한 기간을 동료 스님의 절에서 기숙을 하며 지내고 있는데 일을 보자니 자연 이런저런 교통편을 이용하게 됩니다. 때로는 승용차도 타게 되고 버스나 택시를 타고 이곳저곳을 방문하기도 합니다. 그러다보니 거의 매일 많은 시간을 거리에서 보내는 것이 다반사입니다.

그런데 항상 아쉬운 것은 서울의 운전자들은 너무나 여유가 없다는 사실입니다.

서로 촌보의 양보가 없는 것은 말할 것도 없고 조금만 끼어들어와도 경적을 사정없이 울려대고 가차없이 욕지거리를 합니다. 이런 상황을 거의 매일 목격하면서 왜 우리나라 사람들은 이처럼 성급한지 모르겠다는 생각을 하곤했습니다.

우리보다 소득이 적은 태국이나 무역항 홍콩에 가서 차를 타고 하루종일 돌아 다녀도 결코 서울과 같은 일은 없습니다. 하루에 다섯번 정도의 경적 소리를 듣는 것이 고작입니다. 운전자도 스스로 서로 양보하며 여유있는 교통질서를 유지하고 있는데, 올림픽까지 치른 서울 시민들이 이토록 각박한 삶을 살아서는 되겠나 하는 씁쓸한 마음을 가눌 길이 없습니다.

〈잡아함 비심경〉에 보면 이런 말씀이 있습니다.

"중생은 언제나 경계와 함께 하고 경계와 화합하느니라. 어떻게 경계와 함께 하는가. 이른바 중생은 착하지 않은 마음을 쓸 때에는 좋지 않은 경계와 함께 하고, 착한 마음을 가질 때에는 좋은 경계와 함께 하며, 훌륭한 마음을 가질 때에는 훌륭한 경계와 함께 하고 더러운 마음을 가질 때에는 더러운 경계와 함께 하느니라."

우리는 하루 이틀 살다 그만두는 삶이 아닙니다. 아직 살아온 날보다는 살아 갈 날이 많이 남아있습니다. 그 인생의 도정에는 즐거움도 적지않습니다.

그렇다면 너무 조급하게 모든 일을 하기보다는 짜증나는 일이라도 조금은 참고 여유를 찾고자 노력하는 생활태도가 무엇보다 중요합니다. 조급함은 오히려 일을 망칠 수 있기 때문입니다.

우리는 지금 하루에도 수십번씩 건너야 하는 건널목에 서서 파란 신호등이 깜박깜박 죽어가고 있을 때 허겁지겁 위험스럽게 건너려 하고 있습니다. 그렇지만 5분 빨리가려다 50년 먼저 가는 일이 허다하다는 사실을 잊어서는 안됩니다.

조급함을 참고 다음번 파란불이 켜질때 까지 기다릴 줄 아는 여유가 필요합니다.

한번 치면 그 소리가 몇분씩 웅장하고 은은하게 계속되는 범종梵鍾소리, 그것은 서양의 차임벨과 맛이 다릅니다.

보통사람과는 다른 삶, 범종 소리와 같은 삶이 불자佛子의 삶입니다.

宗根 서울 경국사 주지

1950년 출생
해인사에서 지관스님을 은사로 득도
조계종 총무원 교무국장

1

최후의 귀의처

“자아완성은 집착을 버려야 한다.” 이 구절은 〈남전대장경〉 5부에 있는 석존의 설법을 결집한 경전 가운데 가장 오래된 것으로 부처님 설법의 근본 모습을 전해 주는 것이 특색입니다.

전부 5장으로 나누어 놓은 이 경전은 4장과 5장이 그 중에서도 더욱 오래된 것으로 평가를 받습니다.

그런데 또 이 경전은 ‘망집妄執을 여의라’ ‘내 것이라는 의식을 갖지 말라’ 고 하는 교설教說이 그 중심을 이룹니다.

망집과 자기의 것이라는 것을 버려 인간으로서의 완성을 꾀하라는 뜻을 내포하고 있는 것입니다.

망집과 자기 것이라는 집착을 버려야만 인간 완성을 이룰 수 있기 때문입니다.

석존이 계신 사위성舍衛城으로 바라문의 제자 16명이 찾아와 질문한 것을 세존이 대답하는 형식을 취한 〈남전대장경〉 제5장의 내용을 들어보면 다음과 같은 말들이 있습니다.

'여러 욕망에 탐닉耽溺해서는 안된다.' '모든 욕망에 대하여 청정한 행동을 하여…' '그 도리道理를 알고 삼가 행동하여 세간의 집착을 뛰어 넘으라.' '갖가지 생에 대한 집착을 버리고 망집을 멀리 하면 고뇌와 욕망도 없어질 것이다. 그러면 나生고 늙老는 것에 초월했다고 할 것이다.'

'변전變轉하는 생에 망집을 가지지 말라' '모든 욕망을 버리고 여러 의혹을 떠나서 애집愛執이 없어짐을 주야로 보아라' '성자는 이러한 사람이라고 알라. 그는 아무것도 소유하지 않으며 욕망의 생에 집착하지 않는다고….

모든 괴로움苦의 근본은 욕망, 집착에서 일어나는 것이므로 이것들을 모두 버리라는 내용입니다.

존재란 무아無我이고 무상無常인 까닭입니다.

'사람은 내 것이라고 집착하는 것 때문에 조심하게 된다. 자기가 소유한 것이 항상 그대로 있지 않기 때문이다. 이 세상의 모든 것은 변멸變滅하여 가기 때문이다.' 라고 가르치는 〈법구경〉의 경구는 중생들이 내것이라는 생각에 집착해 있기 때문에 이 집착을 버리라는 뜻입니다.

우리들 마음대로 되지 않는 괴로움苦일지라도 이것을 여의어야 진정한 인간의 완성을 얻을 수 있기 때문입니다.

그러나 모든 사람에게 이처럼 무상만을 가르친다면 그들은 여지없이 무상이라는 바람에 무너지고 맙니다. 내 것이라고 하는 생각, 생에 대한 집착을 버리라는 것을 거듭거듭 가르칠 때 젊다고 하는 자부심, 건강하다고 하는 자부심, 산다고 하는 자부심들이 소멸되고 마는데 석존께서 '망집과 내 것을 버리라'고 하신 것은 그것을 전부 무상 속으로 포용하려는 뜻이 아니라 존재의 이법理法, 곧 법(달마)에 의지하라는 것을 가르치려 하신 것입니다.

그러므로 이 가르침은 인간에게 있어서의 최후의 귀의처는 법에 의지하는 것임을 강조한 것이라 할 것입니다.

2

사섭법의 실천

우리사회는 고도로 발달하여 물질적으로는 풍요로울지 모르겠지만 인간 본연의 모습은 점점 쇠퇴되어 가는 듯 합니다. 누구나 자기의 이익만을 앞세우기 때문에 인간간의 기본적인 윤리와 도덕이 사라지고 물질의 추구에만 급급하다보니 메마른 사막을 헤매는 듯한 삶을 살아가고 있는 것 같아 참 진성의 인간미를 찾아 보기 힘듭니다.

남을 헐뜯고 비방하고 아첨하면서 자기 위치를 확보하기에 급급합니다. 이러한데서 사람의 진의를 저버리는 때가 너무 자주 발생합니다. 그러므로 우리는 부처님의 말씀대로 사섭에 대해 설명하고자 합니다.

첫째로 보시섭布施攝을 들 수 있습니다.

이것을 쉽게 말하면 베푸는 마음으로 살아야 한다는 뜻입니다. 어버이가 자식에게 베푸는 마음, 있는자가 없는 자에게 베푸는 마음, 옛날 조상들이 이웃들에게 음식을 돌리어 나누워 먹는 마음, 불쌍한 입장에 처하거나 억울한 일을 당한 자를 내 식구처럼 돌봐주는 사심없는 마음, 부모없는 불쌍한 아이들을 내 가족처럼 돌봐주는 마음, 이 모든 마음은 우리 조상들이 당연하게 행하여 왔던 사랑과 인정이었습니다. 그런데 현대에 와서는 서로 베푸는 마음에 조건이 많고 이유가 많고 하나를 주고 둘을 받으려는 이해타산적 생각이 앞서서 진정으로 베푸는 인정과 사랑을 잃어버리고 있습니다.

자식을 가르침에는 우선 출세, 성공하여야 한다는 조건 속에서 투자하고, 이웃을 돌봐주는 데에도 꼭 이해와 타산이 따르는 현실, 이름붙은 행사마다 얼굴을 내밀며 자기 선전에 도취된 사람들, 그러면서도 정작 해야 할 일엔 인색하기 짝이 없는 사람들을 흔히 볼 수 있습니다.

부처님이 말씀하신 보시란 어떤 형태로도 보상을 바라는 마음이 없이 텅빈마음, 이런 마음에서 서로 돕는다면 돕는 자신도 도움을 받는 이도 모두가 가볍고 즐거울 것입니다.

베푸는 마음으로 오늘을 살고 오늘의 나를 남을 위해 헌신한다는 마음으로 내 가정과 이웃 직장에서 행동으로써 매사를 이끌어 나간다면 그것이 곧 사회가 될 것입니다. 그 이유는 나의 욕심 때문에 행하기 어려운 것이면서도 또 달리 생각하여 다같은 불자임으로 불도에 따라 행하기만 하면 되기 때문에 쉬울 수도 있다고 한 것입니다.

둘째로는 애어섭愛語攝을 들 수 있습니다.

말 한마디에 천냥 빚을 갚는다는 옛속담이 있습니다. 사랑이 담긴 말 한 마디가 인생의 즐거움을 주고, 사랑하는 말 한 마디가 정신적 육체적 병을 낳게 하고, 행복하게 해주며, 활력소가 되며, 용기를 불어넣어 주며, 이 세상을 밝고 환하게 만들어줄 것입니다. 항시 욕심을 버리고 마음을 즐겁게 하여 부드러운 표정과 말이 나올 수 있도록 해서 주위 사람들을 기쁘게 하면 자신 역시도 항상 즐겁고 한량없는 복을 받는다고 합니다. 이것이 바로 애어섭愛語攝인 것입니다.

셋째로 이타섭利他攝이 있습니다.

사람이 자기 이익과 욕망에만 너무 집착하다 보면 자기 자신이 외롭고 허무해질 뿐만 아니라 주위에 피해를 주게 되어 있습니다. 모든 일을 자신의 이익을 위해서 자기 중심적으로 살아간다면 자신의 발전은 물론 타인의 생활에까지 많은 피해를 줄 것입니다.

타인을 위해 봉사하고 헌신하는 마음이야말로 인류가 공존

할 수 있는 최상의 방법입니다.

인생은 어차피 외롭고 고독한 행로이며, 이 행로에서 인연에 의해 만나는 많은 이들이 나의 인생에 방향을 제시하고 조금의 도움을 줄 수 있을지 모르지만 어차피 타인이며 자기인생은 자신의 결정과 그 행위에 의해 이루워지는 것입니다. 이러한 인생을 자신의 욕심대로 자신만을 위해 살아간다면 이 세상은 얼마나 외롭고 허무하겠습니까.

우리들이 자신의 욕망만을 채우려고 애쓴다면 지옥에서의 그 허망한 젓가락질 처럼 아무 것도 얻을 수 없을 것이며, 상대방을 존중하고 그들을 위해 봉사한다면 타인 뿐 아니라 자신까지도 저절로 행복해질 수 있을 것입니다.

자기 아집에 집착하다보니 인류 공동체라는 의식을 잃어버리고 사는 것이 보통인 것 같습니다.

인생은 나 혼자만으로는 절대 살아갈 수 없으므로 우리 모두가 부처님의 진성을 찾아 함께 살아가야 한다는 동반자의 마음가짐으로 정진을 해야 할 것입니다.

이상의 사섭법의 진리를 잘 터득하여 생활함에 있어 몸소 실천한다면 급속히 변화하는 사회속에서 자신을 잃지 않고, 가정과 사회를 화평스럽게 하여 온 중생들에게 공헌하는 일이 될 것입니다.

宗林 서울 혜림정사 주지

1949년 출생
1968년 범어사에서 고산스님을 은사로 득도
1974년 서울 혜림정사 창건 · 주지
제11 · 12대 중앙종회 의원

기도하는 자세

한차례 입시의 태풍이 지나가고 지금쯤 우울한 나날을 보내는 가정이 많으리라 생각합니다. 입시를 위해 백일동안 하루도 빠짐없이 정성껏 기도했던 결과가 낙방이라면 그 허탈한 마음을 이해하고도 남음이 있습니다. 3년간 공부하고 노력한 것이 하루의 단 몇시간으로 평가되고 더욱이 낙방하여 낙오자가 된다면 얼마나 허망하고 원망스럽겠습니까?

부모들은 합격을 위해 기도해 왔습니다. 그 기도가 이루어지지 않을 때 부처님을 원망도 해 보았을 것입니다. 하지만 진정한 기도란 어려움을 이겨내기 위한 것이어야 합니다. 〈초발심

자경문〉에

"행하기 어려운 것을 능히 행하는 사람은 부처님처럼 존중할 것이니라."

고 하신 말씀은 지금의 낙방생과 그 부모들에게 해당되는 말씀일 것입니다. 기도를 내가 하는 일의 도구로 삼아서는 안됩니다. 지금처럼 어려울 때 용기를 얻게 하고 희망을 가질 수 있게 하는 데 기도의 위대한 힘이 있는 것입니다.

우리가 한계를 느꼈을 때, 모든 희망과 용기마저 상실했을 때 우리가 할 수 있는 유일한 것은 기도입니다. 어쩌면 우리에게 주어진 어려운 상황이 우리에게 진정한 기도를 할 수 있게 하는 것인지도 모릅니다. 시련은 우리를 기도하게 하고 기도는 우리를 성숙하게 할것입니다. 인생을 이해하기 위해서는 성숙이 필요합니다. 지금처럼 어려울수록 우리에게는 더욱 기도가 필요합니다.

낙방생과 그 부모들은 절망할 필요가 없습니다. 왜냐하면 그들에게는 기도가 있고 희망이 있기 때문입니다. 지금이 너무 어렵다고 생각되십니까? 하지만 어둠은 태양이 뜨기 직전에 가장 짙습니다. 여러분의 절망이 클수록 밝은 미래는 그만큼 가까이 있는 것입니다. 그러나 기도할 때는 그 기도가 헛되지 않게 해야 합니다.

신앙생활을 하는 것은 기도의 생활을 한다는 것입니다

기도할 때 본래의 나 자신으로 돌아가야 합니다. 교만의 옷을 벗고 허영의 옷을 벗고 탐욕의 옷을 벗고 참된 자기로 돌아가서 어린 시절의 철모르고 천진난만한 마음으로 돌아가서 기도할 때 우리의 기도는 분명히 성취될 것입니다.

주인공과 보조자가 한마음이 되어서 진실하고 간절한 마음으로 기도할 때 분명 우리의 기도는 성취되는 것입니다.

기도에는 자기의 잘못을 뉘우치고 용서를 비는 참회의 기도가 있고 우리에게 행복과 평안과 기쁨을 달라고 갈구하는 기복의 기도가 있습니다. 어떠한 기도를 하던 모든 번뇌의 옷을 벗어 던지고 전나全裸의 마음으로 기도할 때 영혼의 고뇌가 있고, 강한 에너지가 있고, 인류 구원의 비원悲願이 있는 것입니다.

일상생활에서 어떠한 모습으로 즐겁지 않은 일이 우리에게 엄습해 올지 모릅니다. 그럴때마다 거기에 집착하지 않고 기도하는 마음으로 그 괴로움을 극복하라고 하신 부처님의 말씀처럼 지금 우리는 하루속히 괴로움으로부터 벗어나서 거룩하신 부처님앞에 조용히 앉아 새로운 묘목을 심고 거름을 주고 잡초를 제거하는 마음으로 열심히 기도합시다.

宗梵 중앙승가대학 총장

1946년 출생
1963년 통도사에서 득도
1971년 통도사 강원 강주
1985년 중앙승가대 교수

내마음 돌아보기

석가모니 부처님 명호에서 '석가'는 '능인'으로 모든 것을 다 하시는 분이라는 뜻입니다. 인격의 최고를 의미합니다. '모니'는 '적묵'으로 침묵이라는 의미입니다. 이 말은 구하는 게 전혀 없다는 뜻입니다.

사람이 말을 많이 한다는 것은 구하는 게 있다는 것입니다. 왜 인간이 침묵하지 못하는가 하면 마음속에 구하는 마음이 있기 때문입니다. 부처님은 모든 공덕을 다 지었고, 만족하여 스스로 구하는 바가 아무것도 없는 분입니다.

이 세상에 살면서 무엇이 가장 중요할까요. 만족할 줄 아는 것입니다. 만족할 줄 안다는 것은 구하는 행위에서 벗어나는 것입니다. 중생은 구하는 욕구를 버리지 못합니다. 그런데 구해도 구해도 채워지지 않는 것이 구하는 행위입니다. 평생을 구해도 또 구합니다. 이것이 큰 문제입니다. 구하는게 감옥이고, 구하는 게 바로 지옥이며, 구하는 게 고통입니다. 고통은 어디에서 오느냐 하면 구하는 마음 때문에 생깁니다.

또한 고통은 형상과 시간에서 옵니다. 형상과 시간에서 벗어나는 것이 해탈이고 성불입니다. 생각해보면 즐거웠고 괴로웠던 일들이 전부 눈에 보이는 것처럼 기억으로 떠오릅니다. 그렇지만 과거에 내가 보았던 것이 지금 있느냐 하면 하나도 없습니다. 이것을 무상이라고 합니다.

형상은 오래 가지 않습니다. 존재하지 않습니다. 존재하지 않는 것은 그림자와 같습니다. 연못을 보면 달 그림자 해 그림자가 있는데 연못 속에는 달과 해가 없습니다. 거울을 보지만 거울 안에 사람이 없습니다. 그와 같습니다. 존재하지 않는데 정말 있는 것처럼 착각을 합니다. 그것을 어리석음이라고 합니다. 중생은 형상을 모르고, 또 시간이 없는 것을 모릅니다.

내가 내 자신을 자유롭게 하는 방법은 내 마음을 돌이켜보는 길에 있습니다. 이것을 명상이라 하고 참선이라고도 하는데, 원리는 반조返照입니다. 돌아보는 것입니다.

며느리가 미워 죽겠으면 어떻게 해결해야 할까요. 돌이켜 보는 것이 약하면 미워하는 마음이 남아있고, 깊어지면 점점 줄어듭니다. 아주 깊으면 허공과 같이 다 없어집니다. 미워하는 마음만 없어지면 며느리를 보아도 밉지 않습니다. 이게 부처님이 하신 방법이고 부처님이 깨달은 내용입니다. 기도도 이와 같습니다. 이것이 불교입니다.

통도사 경봉 노스님의 일화가 있습니다. 제가 어릴 때였는데 하루는 스님을 모시고 임종을 앞두고 죽겠다고 고함을 치며 고통스러워하는 분을 병문안 갔습니다. 노스님이 가까이 오자 그 사람이 스님에게 매달리며 살려달라고 애원했습니다. 그러자 노스님이 "야야, 참선해라. 참선!"하시는 것입니다. 감짝 놀랐습니다. 죽겠다고 고함을 지르는 사람에게 참선하라고 하시다니…. 죽음을 앞두고 고통스러워하는 사람에게 참선이 되겠습니까. 그때는 노스님이 너무 시정을 모르신다고 생각했습니다. 그런데 요즘 생각해 보니 노스님이 옳았습니다. 참선이 뭡니까. 자기 마음을 돌이켜 보는 것이 참선 아닙니까.

모든 문제의 해결방법은 내 마음을 돌아보는데 있습니다. 이것을 돌이켜 보는 공부, 반조공부라고 합니다.

모든 고통은 자기 생각에서 나오니까 생각을 돌아보는 실천을 해야 합니다. 생각 하나가 맑아지면 모든 것이 맑아집니다. 기도를 잘하면 잘못된 생각이 없어집니다. 인간은 누구에게 속느냐 하면 자기 생각한테 평생 속습니다.

생각을 허공처럼 비우는 것을 도道닦는다고 합니다. 생각이 비워지면 두려움이 없고, 두려움이 없으면 구하는 마음에서 벗어날 수 있고, 구하는 마음에서 벗어나면 무한한 공덕을 무한히 닦을 수가 있습니다.

우리가 먼저 배워야 하는 것이 만족입니다. 하나를 가지고 만족하면 하나도 많은 것이고, 억만 개를 가지고도 만족하지 못하면 그것은 적은 것입니다. 그러니 만족할 줄 알면서 구함 없이 선행하는 것이 성불의 길입니다. 우리는 지금까지 구하기만 했지 만족은 한순간도 느껴보지 못했습니다. 이제는 만족을 배워야 합니다.

부처님은 돌아가시는 순간까지도 만족했습니다. 죽음을 거부하면 고통이지만 죽음에 만족하면 고통이 아니라 열반입니다. 이것을 거부하느냐 만족하느냐 여기에 열쇠가 있습니다.

이러한 부처님 이야기가 경전에만 있다면 아무런 의미가 없습니다. 우리가 주인공이 되어야 합니다. 틀림없이 될 수 있습니다. 중요한 것은 신심과 발심입니다. 신심과 발심이 되어야 우리 생각의 구조를 바꿀 수가 있습니다.

宗悟 춘성 상원사 주지

소요산 자재암에서 성준스님을 은사로 득도

바른 믿음의 길

흔히 불교는「믿는 종교가 아니라 깨닫는 종교」라고 말합니다. 얼핏 들으면 불교의 특징을 잘 요약한 듯 하지만 사실은 이 말속에는 엄청난 오해의 함정이 있음을 잊어서는 안됩니다.

믿음이란 무엇입니까? 원효스님은

"결정코 그렇다는 확신이 믿음이다."

라고 말했습니다. 다시말해 움직일 수 없는 사실, 믿지 않을래야 믿지 않을 수 없는 사실이 바로 믿음이라는 것입니다.

아무리 부정해도 믿지않을 수 없는 사실이란 어떤 것일까요? 예를 들면 이런 것이 있습니다. '모든 생명은 태어난다. 그리고 늙고 병든다. 마침내는 죽는다.' 이같은 현상은 믿고싶지 않지만, 움직일수 없는 사실입니다. 아무리 부정한다 해도 사실이기 때문에 믿을 수 밖에 없습니다.

이러한 「믿음」을 가졌던 사람은 수없이 많습니다. 갈릴레이가 그런 사람입니다.

1633년 6월 26일 그는 로마의 미넬바수도원 대광장 앞에서 재판을 받았습니다. 죄목은 〈두개의 중심된 우주관에 관한 대담〉이란 책을 통해 로마교회를 구식 우주론자로 빗대고 스스로는 신식 우주론자로 자처했기 때문입니다.

여기서 구식 우주론이란 지구를 중심으로 천체가 이동한다는 천동설(天動說)을 말합니다.

갈릴레이는 이 책에서 교회의 권위를 부정하고 코페르니쿠스의 지동설地動說을 지지했습니다. 그러다가 재판에 붙여진 것입니다.

그는 화형火刑이 두려워 이 재판정에서 자신의 주장을 버리고 교회의 권위에 복종할 것을 약속했습니다. 그것은 사실이 바뀐 것이 아니라 권위에의 굴복이었습니다. 하지만 그는 법정을 나서면서 이렇게 중얼거렸습니다.

"그래도 여전히 지구는 돌고있다. 네 개의 별은 지구가 아닌 목성을 돌고있다. 나는 이 눈으로 보았다."

믿음이란 이런 것입니다. 권위 때문에 움직일 수 없는 사실을 확신하는 것입니다

불교의 믿음도 그와 같습니다. 그것은 진리에 대한 믿음입니다. 우리가 부처님을 믿는다는 것은 그분이 가르친 진리를 믿는 것입니다. 그래서 대지도론大智度論은

"불법의 대해大海는 믿음을 능입能入으로 삼고 지혜를 능도能度로 삼는다."

고 가르치고 있습니다

선불교禪佛敎에서 「깨닫는다」고 하는 것도 결국은 믿음입니다. 예건대 즉심즉불卽心卽佛이라고 할 때 그것은 강렬한 믿음의 표현입니다.

「마음이 즉 부처」라고 하는 움직일 수 없는 믿음인 것입니다. 믿음이 없다면 깨달음은 있을 수 없습니다. 이는 다른 종교의 믿음과 크게 다른 점입니다.

다른 종교의 믿음은 우선 「불확실한 것에 대한 믿음」입니다. 절대자라든가 절대자의 구원과 창조의 논리는 확실한 것이 될 수 없습니다. 지구를 중심으로 천체가 움직인다는 것과 같은 논리입니다.

그래서 필경에는 믿지 않게 됩니다. 믿을 수 없는 사실을 강

요에 의해, 기만에 의해, 또는 어리석어서 믿었다 해도 사실이 밝혀지면 믿지 않을 수 밖에 없는 그런 믿음입니다.

움직일 수 없는 사실에 대한 강력한 믿음은 거짓에 대항해 이길수 있는 능력입니다. 권위로써 믿음을 강요한다고 해도 금방 불신不信하게 되기 때문입니다

확실한 믿음을 가질 때 우리는 당당한 모습으로 인생을 살 수 있습니다. 불의不義를 거부할 수 있는 힘, 창조적 인생을 살 수 있는 힘은 바로 믿음에서 나옵니다.

문제는 불교를 바르게 믿지 못하는데 있습니다. 부처님의 가르침을 잘못 알고 그것을 믿음이라고 생각할 때 그 신앙은 흔들릴 수 밖에 없습니다.

우리가 경계해야 할 것은 그릇된 것을 바르다고 믿는 오해입니다. 오해의 구름을 벗겨내야 불교적 믿음이 시작됩니다.

宗圓

1946년 출생
1970년 고창 선운사에서 득도
1982년 조계종 포교사
1983년 부산 무량사 주지 · 부산 사하불교 연합회 회장
1988년 부산 정원사 주지

참아야 하는 이유

「참는 자에게 복이 온다.」는 속담이 있습니다. 이는 모든 욕되는 일과 어렵고 고통스러운 일을 참아 나가면 행복을 얻을 수 있다는 말입니다. 우리는 이 말을 깊이 음미해 볼 필요가 있습니다.

참을 인忍자는 칼날 「刀」자 밑에 마음 「心」자를 붙인 글자입니다. 여기에서 마음심자는 우리 중생들의 마음 즉 탐진치 삼독심三毒心을 말하는 것입니다

무서운 삼독심을 억제함에는 무엇보다도 지혜와 용맹스러운 칼날로써 수시로 일어나는 삼독의 싹을 잘라 버리지 않고는 삼

독심의 불길을 꺼버릴 수가 없습니다. 즉 칼날인자 밑에 마음 심자를 받쳐서 언제나 우리 마음에서 지혜의 칼날이 번쩍이도록 참아나가자는 뜻이라고 생각합니다.

만일 세상 사람들이 참지 않고서 제각기 삼독심이 하자는 대로 내버려둔다고 하면 결과는 과연 어떻게 될까요. 탐욕심을 참지 않는다면 살벌한 투쟁으로써 살아가기 힘들것이요, 어리석은 치심을 방일한다면 시기와 살인과 방화등의 온갖 죄업이 만연되어 온 세상은 금수들의 천지처럼 문란해지고 죄악의 세상이 될 것입니다.

그러나 우리의 인간은 영지가 밝고 지혜가 많은 까닭에 삼강오륜이니 예의 염치니 하는 윤리 도덕과 법률을 만들어 인간의 본능을 억제하고 삼독심을 방지하는 까닭에 이만큼이라도 사회질서를 유지하게 되는 것입니다.

부처님께서는 우리가 사는 이 고해를 사바세계라고 하셨습니다. 사바라고 하는 뜻은 감인堪忍이라는 뜻입니다. 또한 부처님께서는 사바세계의 고통을 총괄하여 여덟가지로 말씀하셨습니다.

첫째는 태어나는 고통이요 둘째는 늙는 고통이요 셋째는 병들고 앓는 고통이요 넷째는 죽는 고통이니 이 네가지를 생노병사라고 합니다.

다섯째는 구부득고求不得苦이니 구하여도 얻지 못하는 고통이요 여섯째는 애별이고愛別離苦이니 사랑하는 사람과 이별하는 고통이요 일곱째는 원증회고怨憎會苦이니 원망하고 미워하는 사람과 만나는 고통이요 여덟째는 오음성고五陰盛苦이니 색수상행식의 오온이 치성함으로써 좇아 일어나는 고통입니다.

이 여덟가지 고통만은 부귀빈천과 영웅호걸가인 어느 누구를 막론하고 면할수 없습니다. 그러므로 누구나 세상에 태어난 이상에는 여덟가지 고통속에서 싫든지 좋든지간에 참고 견디며 살아가지 않을 수가 없습니다.

옛말에 「십년등하고 삼일마두영十年燈下苦 三日馬頭榮」이라 했습니다.

십년동안 등아래 형설의 고통을 참아야만
과거를 하면 삼일동안 말머리의 영화를 본다

는 뜻입니다.

또 옛날 당나라의 장공예는 가족이 9대가 한집에서 살아 왔는데 고종 황제가 장공예의 집에 행차하시어 묻기를

"한 집안에서 열명의 가족도 불만없이 살기가 어려운데 그대

는 무슨 방법으로 9대의 자손들이 한집안에서 살아왔느냐"
고 물은 즉 장공예는 아무 대답없이 참을 인忍자 백자百子를 써서 바쳤다고 합니다. 그것을 본 황제께서는 감탄하시고 칭찬하면서 많은 상을 내렸다고 합니다. 백인당중태화百人堂中太和라는 이 일화는 '열번 백번을 참는 집안에는 항상 평화와 행복이 옴' 을 잘 일러 주고 있습니다.

부처님께서도 〈인욕경〉에 말씀하시기를

"참는 몸이 항상 편안하며 온 집안이 화목 함으로써 언제든지 기쁘지 않은 일이 없느니라."

고 말씀하셨습니다. 참는 사람에게는 성공이 있고, 가정에는 화목과 평화와 행복이 깃들 것입니다. 때문에 일상속에서의 참는 연습은 곧 자기 삶을 행복으로 이끄는 지름길이 될 것입니다.

宗源 전 구례 화엄사 주지

1941년 출생
1954년 도광스님을 은사로 득도
제4대 중앙종회 의원
구례 화엄사 주지
연기암 주지
봉강학원 이사

우란분절과 효

"선善의 최상은 효도보다 큰것이 없고, 악의 최상은 불효보다 큰 것이 없다."

〈인욕경〉에 있는 말씀입니다.

어버이의 자식에 대한 사랑은 모든 사랑의 극치입니다. 그것은 오직 베품을 전제로 이루어집니다. 드넓은 바다처럼 잔잔하다가도 경우에 따라 때로는 격렬해지며 필사적인 것이 부모의 사랑입니다.

따라서 우리들에게 전해오는 부모님의 사랑은 한없이 고마우면서도 눈물겹도록 감동적인 것이 많습니다. 그 중에서도 생불生佛로 불리워진 신라 혜통스님에 얽힌 일화는 부모의 사랑이 어떤 것인가를 보여주는 극명한 예입니다.

혜통스님은 출가하기 전에는 백중백발의 사냥꾼으로 이름을 드날렸습니다. 어느날 그는 산속을 헤매다가 어미 수달 한마리를 발견 하고는 재빨리 화살을 겨냥한 그는 수달이 살려달라는 듯 낑낑거리는 모습을 아랑곳 않고 활시위를 당겨 수달의 가슴을 꿰뚫었습니다.

그는 수달의 껍질을 벗겨 창자와 뼈는 산기슭에 던져버리고 털과 살고기만 챙겨 집으로 돌아왔습니다. 그러나 그는 악몽에 시달렸습니다. 낮에죽인 수달의 새끼들이 가슴을 파고들며 괴롭혔던 것입니다.

그는 다음날 수달의 창자와 뼈를 버린 산기슭으로 가보았습니다. 그러나 분명 있어야 할 수달의 뼈와 창자가 보이지 않았습니다. 마침 그의 눈앞에 수달의 피발자국이 보이자 그는 조심 조심 핏자국을 따라 갔습니다. 핏자국은 절벽아래의 동굴속으로 사라졌습니다. 그는 굴속을 들여다 본 순간 그만 깜짝 놀라고 말았습니다. 다섯마리나 되는 새끼들을 꼭 껴안은 채 죽어있었던 것입니다.

그길로 그는 출가出家하여 혜통이란 법명을 받고 피나는 정진을 했습니다. 자식들에게 베푸는 부모의 큰 사랑은 사람이나 동물이나 거룩한 대행大行보살심과 같은 것입니다. 따라서 이 세상의 온갖 선행중 부모의 은혜에 보답하는 효도가 가장 큰 선행이라 할 수 있습니다.

이러한 의미에서 음력 7월 보름 우란분절이 우리에게 남기는 교훈은 매우 큽니다. 부처님의 제자 목건련이 삼보를 비방하는 등 많은 죄업을 짓고 지옥도에 떨어진 어머니를 온갖 험난과 고초를 겪어가며 마침내 극락으로 천도한 것을 기리는 우란분절은 건강한 사회를 만들기 위한 디딤점이 돼야 할 것입니다.

그러나 오늘의 세태는 용돈을 주지 않는다고 부모를 폭행하고 유산을 일찍 물려받을 목적으로 부모를 살해하는 사람마저 있습니다. 게다가 인신매매, 마약, 강간, 살인이 판치는 현대사회이기도 합니다. 이처럼 반도덕이 횡행하는 시대에서 우란분절은 새로운 도덕적 기강회복을 다짐하는 날이 되야합니다.

그러기 위해선 먼저 부모와 자식간의 사랑회복이 급선무입니다. 가정은 사회의 근본이므로, 가정이 병들면 사회가 병듭니다. 가정이 평온하면 나라가 평화스럽다는 것은 상식적인 일입니다.

부처님의 말씀을 담은 〈육방예경六方禮經〉은 평화와 행복, 건강한 사회를 유지키 위한 부모와 자식간에 지켜야 할 가르침을 밝히고 있습니다. 자식은 부모를 섬김에 있어서 마땅히 다섯가지 일을 행해야 한다고 말하고 있습니다.

첫째 경제적 활동을 활발히 해 부모를 가난하게 하지말고, 둘째 일찍 일어나 때에 맞춰 부모님을 봉양하며, 셋째 부모의 근심을 덜어주고, 넷째 부모의 은혜를 항상 생각함이며, 다섯째 부모가 병들었을 경우 의사를 구해 치료해 드려야 한다' 고 강조하고 있습니다.

〈장아함경長阿含經〉에서도 '자식은 부모에게 의식을 받드는데 부족함이 없이 하고, 하는 일을 반드시 고하며, 부모의 뜻에 거스리지 않고, 부모가 하는 정업正業을 끊지 않음을 가르치고 있습니다.

날로 타락해가는 인류 도덕을 회복하기 위해 우란분절의 의미를 다시 한번 가슴에 새겨야 하겠습니다.

鍾夏 서울 사당동 관음사 주지

1937년 생
1959년 해인사에서 고봉스님을 은사로 득도
제 9 · 10대조계종중앙종회 의장
1992년 불교방송 이사장
2007년 불교방송 이사장

삼독에 빠진 현대인

독일의 철학자 니체는 현대인의 병을 자기상실병自己喪失病이라고 진단한바 있습니다. 니체는 말하기를

"현대인은 두가지 병을 앓고 있다. 첫째는 자기자신을 잃어버린 것이요, 둘째는 자기자신을 잃어버리고도 그것을 깨닫지 못하는 병이다."

라고 갈파했습니다.

본래의 자기, 참다운 자기란 무엇일까요? 그것은 우주적 진

리의 본질이자 참생명의 근원입니다. 그러나 사람들은 사치의 옷을 입고 거짓의 이름에 매달려 그것을 잊고 살고있습니다. 마치 들판에 선 허수아비와 같은 삶을 살아갑니다.

허수아비에게는 생명이 없습니다. 자기自己가 없습니다. 자기가 없는 허수아비에게 아무리 훌륭한 옷을 입히고 그럴듯한 이름을 붙여준들 무슨 의미가 있겠습니까. 한껍질만 벗기면 마른 지푸라기만 우수수 쏟아지는 허수아비는 자기를 잃어버린 현대인의 자화상自畵像입니다.

현대인의 자기상실에 빠지는 이유는 여러가지가 있습니다. 돈벌기에 바빠서, 향락추구에 빠져서, 명예의 고리에 매달려서, 또는 조직의 부품으로 전락해서 겉핥기의 인생을 살고 있습니다.

그것이 자기 인생의 전부인줄 생각하고 자기를 돌아 볼 기회를 갖지 않고 살아가는 것이 현대인의 삶이기도 합니다. 거짓자기, 자기답지 않은 자기, 피상적 자기, 비본래의 자기를 참자기眞我로 착각해서 살아가는 것입니다.

거짓자기에 매달린 삶은 이 세상을 혼란과 탐욕과 이기利己의 도가니로 몰아가는 원흉입니다. 허수아비에게 더 좋은 옷을 입히기 위해 더 훌륭한 이름을 붙여주기 위해 갖가지 술수와 공작이 진행됩니다. 허수아비를 즐겁게 하기위해 향락산업은 날로 번창하고 허수아비의 육신을 편하게 하기위해 갖가지 문명의 도구가 쉴새없이 개발 됩니다.

어떻게 하든 자기 허수아비만을 살찌우기 위해 남의 것을 빼앗고, 이웃을 짓밟고 마침내는 모두를 절망의 구렁텅이로 몰고 갑니다. 현대사회가 안고있는 갖가지 문제점과 병폐의 원인도 근원을 따지고 보면 모든 사람들이 인간본래의 모습을 잃어버리고 있기 때문입니다.

그러나 더욱 심각한 것은 자기를 잃어버렸다는 사실 자체보다는 자기상실을 하고도 그것을 깨닫지 못하는 데 있습니다.

고장난 차를 타고 있으면서도 그것을 알지 못하고 과속으로 달린다면 그 결과가 얼마나 참혹할지는 말하지 않아도 뻔합니다. 자기를 상실하고도 그 사실을 모르는 것도 이와 같습니다.

부처님의 가르침은 거짓 자기에 매달려 밖으로만 향하려는 우리의 시선을 안으로 돌리게 합니다. 부처님은 향락에 빠져 도망간 유녀遊女를 찾아 헤매는 젊은이들에게 이렇게 되물은 적이 있습니다.

"재물을 훔쳐서 도망간 여인을 찾는 것과 자기자신을 찾는 일 가운데 어느것이 더 중요한가?"

자신을 찾는 일이 더 중요하다고 생각한다면 우리는 부처님의 가르침에 귀를 기울여야 합니다. 부처님은 인간이 탐욕과 분노와 어리석음에 휩싸인 거짓자기로 알고 어처구니 없는 짓들을 하며 살아가는 것을 꾸짖습니다.

거짓자기에 속을 때 진실한 자기에 의한 올바른 삶은 불가능하기 때문입니다. 그래서 부처님은 우선 삼독三毒의 마음부터 버릴 것을 가르칩니다.

"삼독三毒을 버린 사람은 잠에서 깨어난 사람이고, 그것을 버리지 못한 사람은 미망迷妄에서 잠자는 사람이다."

<잡아함 제5백 90경>

만추晩秋는 무성한 잎이 떨어져 나목裸木이 드러나는 계절입니다. 화려한 단풍이 떨어진 숲길을 걸으며 우리는 무엇이 자기의 본래 모습인지를 되돌아 보아야 합니다. 그래서 허수아비가 아닌 주체적인 「사람」으로 살아가야 하겠습니다.

종호 제주 제석사 주지

나주 다보사에서 구와스님을 은사로 득도
제주 정토신문 회장

공부하는 사람들

며칠전 우리는 백중伯中을 지냈습니다. 이날은 하안거 해제일이기도 합니다. 스님들이 무더운 여름, 1백일 동안 피나는 수행을 마치고 회향하는 날입니다. 안거는 겨울, 여름 이렇게 두 번식 지냅니다. 일년 사계절 중에서 가장 춥고, 가장 더워 공부가 어려운 때 도리어 용맹정진을 하는 것입니다. 그러기에 이때의 공부는 더욱 값진 것입니다.

공부하는 이에게 안거는 대나무에 비유됩니다. 대나무의 마디가 늘어나면서 커나가듯, 한해 한해 안거를 보내면서 공부가 성숙되기 때문입니다. 대나무 마디가 생기는 것은 마디를 마무리 함과 동시에 새로운 마디의 시작이라 하게습니다. 해제도 안거를 마무리하고 새로운 공부의 시작을 알리는 것입니다.

그러기에 스님들은 안거를 마치면 운수납자가 되어 저자거리로 나서곤 합니다. 만행을 통해 중생들과 더불어 불법을 전하면서 공부를 이어나가는 것입니다. 또 선방수좌들은 새로운 안거가 시작되기전까지 선방에서 계속 정진을 이어가곤 합니다. 이를 일러 산철결제라 합니다. 그러니 일년 365일이 계속 안거기간입니다. 또 무문관에서 정진하는 수행자들은 평생을 일주문 밖으로 나서지 않고 정진합니다.

이렇듯 스님들은 안거도 나고 산철결제도 지내고 무문관에 들어가 공부한다지만 세속에서 생활하는 재가불자들까지 꼭 그래야 한다는 것은 아닙니다. 그래서 요즈음 불자들을 보면 공부하는 이를 쉽게 만나기 어렵습니다. 참으로 안타까운 일입니다.

물론 여기에서의 공부는 마음공부입니다. 깨달음을 향해 한 걸음 나가나는 공부입니다. 이 공부에 승속僧俗이 따로 있는 것은 아닙니다. 공부하는 시간이 구분되어 있는 것 또한 아닙니다. 행주좌와行住座臥 어묵동정語默動靜. 밥먹고 잠자는 모든 것이 그대로가 공부입니다. 보살행을 닦는 길 가운데 첫째로 보시 바라밀을 꼽습니다. 흔히들 남에게 베푼다면 물질적으로 주는 것만을 생각합니다. 그렇다면 나는 가진 것이 없으니 남에게 줄 것 또한 없어 공부할 수 없다는 말인가요.

그렇지 않습니다. 부처님은 물질없이도 베풀 수 있는 방법을 제시하셨습니다. 바로 무재칠시無財七施가 그것입니다.

첫째는 사신시捨身施입니다. 몸을 버려서라도 남을 돕고 친절을 베푸는 것입니다. 둘째는 심시心施입니다. 남의 슬픔이나 기쁨을 자기 일처럼 생각해 주는 것입니다. 셋째는 화안시和顔施입니다. 남에게 부드럽고 웃는 얼굴로 대하는 것입니다. 넷째는 자안시慈眼施입니다. 사람을 가엾게 여기며 자비로운 눈으로 바라보는 것입니다. 다섯째는 애어시愛語施입니다. 남에게 사랑과 친절어린 말을 하는 것입니다. 여섯재는 방사시房舍施입니다. 남이 편안한 마음을 가질 수 있도록 여유를 주는 것입니다. 일곱째는 상좌시床座施입니다. 남에게 자리를 양보하듯 양보하는 마음을 갖는 것입니다.

그러므로 가진 것 없어 보여도 나에게는 남에게 베풀 수 있는 것이 많지 않습니까?

금년은 계절이 유난히 빠르게 지나갑니다. 입추에 말복이 지나자 마자 추석이 눈앞입니다. 이제, 만물이 풍부한 계절을 맞아 나보다 남을 위하며 살도록 해야겠습니다. 이것이 바로 부처되는 공부입니다.

주경

1943년 출생
태안사에서 청화스님을 은사로 득도
정중선원 안거를 시작으로 30여년 참선수행.
국제선원 무문관 선원장(현)
무주불교 문화재단 이사장(현)
강릉 성원사 주지(현)

지극한 마음이 부처 마음

북풍이 불면 북쪽에서 달려 온 말은 고향생각이 난다고 합니다. 우리 중생도 고향떠난 나그네입니다. 그러기에 부처님법을 바로 알고 행해야 행복한 삶을 영위할 수 있습니다.

불법을 두고 법이라 하기도 하고 반야라하기도 하며 중용, 도라고도 합니다만 저는 불법이란 '다운 것' 또는 '답게 사는 것' 이라 하겠습니다. 남자는 남자답고, 아내는 아내답고, 스님은 스님다워야 합니다.

오늘 우리는 진정한 불공과 불사가 무엇인지를 알아보도록 하겠습니다.

불공이란 부처님께 공양 올리는 것만을 이르지 않습니다. 부처님께 꽃과 향을 올리는 것이 불공이 아닌 것은 아니지만 진실한 의미의 불공에서 보면 100분의 1도 안 되는 불공입니다. 부처님을 복주는 신으로 알고 스님을 점쟁이로 알고 있는 게 지금의 우리 현실입니다. 잘못 되도 한참 잘못돼 있습니다.

부처라 하면 이 마이크도 부처요, 탁자도 부처이며, 냄새나는 이 법사의 몸뚱이도 부처로 되어 있습니다. 저나 여러분이나 이 세상의 모든 물질을 쪼개어 보십시오, 물질을 쪼개면 분자, 원자, 전자, 중성자, 소립자 등으로 쪼개집니다. 남는 것은 파동치는 에너지 뿐입니다. 우리 불교에서는 물질에 있어서 최소의 물체를 극미極微, 가장 큰 물체를 기세간器世間이라 하는데 기세간이란 우주를 말합니다.

〈대비바사론〉에 의하면 단위에 대해 극미極微, 미진微塵, 동진銅塵, 수진水塵, 토모진兎毛塵, 양모진羊毛塵, 우모진牛毛塵, 향유진向遊塵 등으로 설명하고 있습니다.

눈에 보이는 티끌보다 더 미세한 것이 우모진牛毛塵입니다. 마치 소터럭 끄트머리 같은 그 정도로 작다는 말입니다. 양모진羊毛塵으로 양털 끄트머리 정도, 토모진兎毛塵은 토끼털 끄트머리 정도입니다. 제일 작은 단위를 가리켜 극미진이라 말합니다.

중생이 너무 물질에 집착하니 '분석하면 모든 존재들이 다 허망하게 비어 버린다' 는 진리를 알려주기 위한 방편입니다.

이를 일러 석공관析空觀이라 하는데 물질을 분석해서 공으로 돌아가는 관법灌法입니다. 극미진 단계에 이르면 빈 공간인데 우리가 인식하고 있는 그런 공간 개념이 아닙니다.

이 단계를 불교에서는 인허隣虛라 합니다. '빈 것과 이웃한다' 는 뜻에 유념해야 합니다. 결국 사람은 쪼개고 보면 마음 하나 남습니다. 바로 이 마음이 오염되면 팔과 다리, 눈, 코, 입이 오염되는 것입니다. 반대로 보면 선한 마음은 우리 자신을 정화해 준다는 것입니다.

인허는 묘유라 해 불가에서는 '진공묘유' 라 이름합니다. 바로 우리 인간이라는 물질을 모두 쪼갠 후 들여다보면 다른 물질로 그 순수한 에너지가 불성입니다. 이 우주 공간에는 그러한 순수한 에너지로 꽉 차 있습니다. 그러기에 부처 아닌 것이 없고 마음이 부처라 하는 것입니다.

불사佛事란 절 짓는 것만을 이르지 않습니다. 불사에서 사事는 모실사입니다. 부처님을 모시는 일이 불사인데 우리는 대웅전에 모셔진 부처님만 모시는 게 불사인 줄만 알고 있습니다.

우리 몸뚱이 자체가 부처입니다. 여러분들의 아내와 자식이 부처입니다. 그 분들을 어떻게 모셔야 하겠습니까? 간단합니다. '고맙습니다.', '감사합니다.' 하며 모시면 됩니다. 자비에서 자慈는 즐거움과 더불어 하고 비悲는 고통을 뽑아냅니다. '고맙습니다' 하는 것은 자慈와 함께하는 것입니다.

타인의 고통을 나누려 하는 마음은 비悲와 함께합니다. 따라서 자비를 내는 마음을 가진 사람에게서는 광채가 발산됩니다. 바로 그 광채가 불성광명입니다.

따라서 간절한 마음이 불공이요 불사입니다. 다른데서 나투는 게 아니라 자기 몸에서 나투는 겁니다. 그러나 업장이 두터운 사람은 쉽지 않습니다.

업장은 여러분들이 화를 내고 욕심 낼 때 더 쌓입니다. 화를 내면 몸에서 먹구름같은 아지랑이가 생깁니다. 그 아지랑이 색깔은 화 낼 때, 욕심 낼 때, 남을 욕할 때 다 다릅니다. 하나만 말하면 한限이 많은 사람은 사람의 아지랑이 색깔은 푸르스름하고 시커먼 냄새가 납니다. 제 말이 쉽게 믿어지지 않겠지만 제 말이 진실하지 않다면 저는 혀 빠지는 지옥에 갈 것입니다.

우리 몸은 약 60조의 세포로 구성돼 있다고 합니다. 그 하나하나의 세포는 매일 순간 순간 죽기도 하고 재생되기도 합니다. 한 찰나의 순간에도 세포는 죽고 삽니다.

여러분이 화를 낸 순간에 재생된 세포는 어떤 세포이겠습니까? 아주 부드럽고 온후한 세포일까요? 여러분이 자비심을 일으킨 그 순간 재생된 세포는 어떤 성질의 세포이겠습니까? 딱딱하고 탁한 세포일까요?

법문을 듣는 순간의 세포, 독송을 하는 순간의 세포, 아들과 대화를 나누는 순간의 세포, 욕을 하고 있는 순간의 세포, 도둑질 하는 순간의 세포 등 각각의 세포 성질은 모두 다릅니다. 그 세포가 결국 자신의 몸이요, 의식이요, 마음입니다.

〈법화경〉을 수지독송하면 귀의 천이백 공덕을 받아 삼천대천의 소리를 들을 수 있고, 코의 8백 공덕을 받아 세상의 모든 향기를 맡으며, 혀의 천이백 공덕을 받아 어떤 음식도 좋은 맛으로 느끼고, 몸의 8백 공덕을 받아 청정한 몸을 받으며, 뜻의 천이백 공덕을 받아 한량없는 이치에 통달할 수 있다고 했습니다. 경전을 독송해도 이러할진데 스스로 참회하며 자비심을 낸다면 그 공덕이 얼마나 크겠습니까?

여러분 복 받고 싶습니까? 그렇다면 웃는 씨앗을 심으세요. 봄에 좋은 씨앗을 심어야 가을에 풍성한 열매를 얻듯이 지금 이 순간 좋은 씨앗을 심어야 미래와 내세에도 좋은 열매 즉 복을 받을 수 있습니다. 너무나 당연하지만 누구도 쉽게 실천하지 못하고 있습니다.

자신에게서 나오는 자비의 광채가 우주를 정화시키기도 합니다. 나라는 울타리를 벗으면 자연과 하나가 될 수 있습니다. 철저하게 자신을 낮춰 나를 벗는 그것이 바로 해탈입니다.

지광 능인선원 원장

1951년 출생
현성스님을 은사로 득도
사회복지법인 능인선원 이사장
동국대 불교대학원 겸임 교수

1

부처님의 외동아들

부처님께서는 '이 몸 자체가 법의 덩어리이고 부처님 그 자체'라고 말씀하셨습니다. 그런데 어처구니없는 것은 우리의 머리끝부터 발끝까지 모두가 부처라는 것을 우리 스스로가 모르고 있다는 점입니다. 그렇기에 무명중생이라고 합니다. 바로 이 무명이 모든 고통의 시발점입니다.

사바세계는 고통스런 세계입니다. 철학자나 사상가들 가운데 상당수는 세상을 '만인 대 만인의 투쟁'으로 봅니다. 그것도 사실입니다. 하지만 동양사상, 부처님의 사상은 그렇게 하지 말라고 가르칩니다. '남들과 싸우지 말고 네 자신과 싸워

라. 정진으로 스스로 이겨 나가라' 고 가르칩니다.

그렇다면 부처님께서는 이 고통의 땅에서 경쟁하며 고통스럽게 살아가는 중생을 외면하시는 것일까요. 부처님께서는 중생을 향해 '너희들은 나의 외동아들 같다' 는 말을 모든 경전에서 되풀이하고 계십니다.

사바세계에 외동아들을 보내놓은 것이 부처님의 마음입니다. '너희들은 나의 외동아들' 이라고 말씀하시며 노심초사 우리들을 생각하십니다. 그렇기에 '정진하라' 는 부처님 말씀은 그냥 말씀이 아닌 생명입니다.

〈화엄경〉에 보면 '허공은 부처님의 몸' 이라고 했습니다. 생명은 호흡에 있습니다. 내 생명의 원천은 호흡이고 호흡은 허공을 마시는 것인데 그 허공은 바로 부처님의 몸입니다. 내가 호흡을 통해 내 몸을 뜨겁게 달구고 토해낸 그 기운이 옆의 사람에게 흘러가 그 사람이 호흡하고 그 사람의 몸을 다시 뜨겁게 달굽니다.

그러면서 우리는 이 생명의 장에서 하나로 이어지고 부처님의 생명 안에 함께 존재합니다. 그런데 우리는 하나임을 모르고 삽니다. 이것이 무명입니다.

우리가 꼭 명심해야 할 것은 부처님의 뜨거운 사랑을 느끼는 것입니다. 이 허공에 가득 찬 부처님을 모르고 그 부처님의 사랑을 모르는 사람이 무명중생입니다.

〈화엄경〉 약찬게에 보면 허공에는 우리가 눈으로 볼 수 없는 많은 성중이 가득 차 있다고 합니다. 또 허공에는 우리들의 태를 빌어 사람으로 나고자 하는 많은 영가들이 있습니다. 무량한 존재들이 있고 그들은 우리와 함께 한 공간을 공유하고 있는 것입니다. 그렇기에 우리들이 '관세음보살' 을 열심히 부르고 기도하면 주위의 모든 영가들이 편안해지고 고마워하며 우리를 도와줄 것 입니다. '신은 스스로 돕는 자를 돕는다', '지성이면 감천이다', '진인사대천명' 이라고 하는 이 모든 말씀은 곧 '내 마음이 하늘에 통해 있고 내 마음과 부처님 마음이 통해 있다' 는 뜻입니다.

모든 존재는 부처님 안에 함께 공존하고 있습니다. 부처님이 이 땅에 오셔서 팔만사천법문을 하신 것은 이 땅에 있는 존재들이 서로 다르지만 그들 모두가 마음 가운데로 법을 사랑한다는 사실을 깨우쳐주기 위해서 입니다.

즉 우리 모두가 진리 가운데서 하나라는 사실 말입니다. 우리들 한 사람, 한 사람은 삶 속에서 부처님의 이 진리, 그 힘을 증명해야합니다. 몸과 마음을 다한다면 우리는 이 사실을 증명해 낼 수 있습니다.

지금 우리들이 말하고 생각하고 행동하는 것이 곧 우리들의 미래입니다. 말 한마디, 생각 한 번, 행동 한 번 할 때마다 미래가 만들어집니다. 끊임없이 자신을 깨우치고 깨우치다 보면 정말 큰 깨우침을 얻을 수 있습니다.

삶의 현장마다 '관세음보살'을 부르고 '이 뭐꼬'를 하십시오. 참선은 선방에만 있고, 산중에만 있는 것이 아닙니다. 치열한 삶의 현장에서 성도成道는 이뤄집니다.

오늘부터 삶의 모든 현장에서 '관세음보살을 염송 하겠다'고 결심하십시오. 그것이 모든 허공에 있는 존재들과 불보살님들에게 지극히 공양하는 것입니다. 기도는 부처님과 하나 되는 작용이고, 자신의 모든 악업을 녹이는 지름길이며, 성불의 길이고, 참회이고, 보이지 않는 세계와의 대화입니다.

항상 부처님과 더불어 산다면 그 사람은 더욱 크나큰 가피를 입을 것입니다. 아들이 아버지를 지극히 생각한다면 아버지가 그 아들에게 무엇이 아깝겠습니까.

'나무관세음보살' 일곱 글자를 보물이라 생각하십시오. 그것을 놓치지 않고 살면서 나의 삶이 어떻게 변화하는지 지켜보십시오. 온몸으로 부처님의 뜨거운 사랑을 느끼시기 바랍니다.

2

정진은 성불의 길

부처님의 가르침은 성불에 모든 초점이 맞춰져있고 성불의 길은 문자 그대로 위대한 전진의 길입니다. 원아불퇴보리심願我不退菩提心이라 하듯 불자의 삶은 위대한 용기와 신심을 바탕으로 모든 유정중생들을 열반으로 이끄는 위대한 전진의 길입니다.

전진을 포기한 자는 부처님의 제자가 아닙니다. 부처님 가르침의 진면목은 전진에 있습니다. 하루를 살면 하루만큼 나아가야만 하며 이틀을 살면 이틀만큼 앞으로 나아가야만 합니다.

한결같이 전진에 매진하는 사람은 분명 한해를 마감 짓는 그

날이 올 때 자신의 지나온 궤적을 바라보며 흐뭇한 마음이 될 것입니다.

한 걸음, 두 걸음 끊임없이 나아가서 결국 우리는 무한과 만나게 되어있는 존재입니다. 그렇기에 우리의 전진은 멈춤이 있을 수 없습니다. 게으름도 있을 수 없습니다. 하루하루 한결같은 마음으로 나아가 영겁을 살아가며 무한을 머금는 존재로 승화되는 것입니다. 더 이상 바랄 것이 없는 존재, 우주의 주인공, 최고의 존재, 욕망도 이긴 존재로 떠오르는 것입니다. 그 길을 어렵다고도 하고 힘겹다고도 합니다. 그러나 그 길은 결국 나의 내면세계에서 한결같이 숨쉬고 있는 부처님을 찾는 길입니다.

부처님께서는 항상 잃어버린 참나를 찾아가라 말씀하셨습니다. 그 길 가운데 무량한 영광 열반의 길이 열린다 강조하셨습니다.

참나, 부처님의 나를 찾기만 하면 모든 문제는 해결되는 것입니다. '내면의 나' '부처님의 나'를 찾아가는 길이 어려운 길이기에, 특히 외부세계의 모든 것으로 부터의 해방이 요구되는 일이기에, 그 길은 험난하다 하는 것입니다.

사람들은 내면의 세계를 찾아가기 보다는 외부세계에 탐닉돼 내부세계를 도외시하고 있는 수가 많습니다. 참나를 상실해버린 사람들이 많습니다. 참나를 찾는 길이 바로 영원한 우리들의 목표인 것입니다.

내 안에 계신 부처님과 하나인 존재는 무한과 하나가 되지만 그 반대로 부처님과 단절된 삶은 질병이요 재앙입니다. 많고 많은 사람들이 자신의 본질을 망각한 삶을 계속한 끝에 고통의 나락으로 굴러 떨어집니다.

우리의 내면에 부처님 계시고 부처님은 만유와 하나이기에 나와 너 그리고 우주만유는 하나로 연결되어 있습니다. 그러나 이 같은 사실을 망각한 사람은 갖가지 삼독심들의 포로가 되어 우주만유와 그리고 주위사람과 단절을 초래해 스스로의 묘혈을 팝니다. 그 결과 재앙을 불러들이고 질병을 초래합니다.

내 안에 부처님 계신다는 부처님의 가르침은 참으로 중대한 의미를 담고 있습니다. 부처님은 그 누구와도 하나이신 분이시라 마음속의 장애물을 걷어내지 않고서는 부처님의 참모습을 드러낼 수가 없습니다.

항상 내 안의 부처님을 드러내기 위해서는 갖가지 장애물들을 걷어내야만 합니다. 그래서 부처님께서는 항상 "장애물을 걷어내면 낼수록, 버리면 버릴수록 받아들일 수 있는 공간은 더욱 더 넓어지리라. 받음보다 줌을 더 좋아하라. 부처님과 너 사이에 거리는 없다"고 가르치십니다.

내 안에 부처님 계심은 무한보배의 창고가 내 안에 존재한다는 사실을 의미합니다. 내가 바라는 것 모두는 내마음 가운데

들어 있다는 것입니다. 그래서 부처님께서는 네가 원력을 세운대로 성취될 수 밖에 없다고 가르치신 것입니다.

내마음 가운데 부처님 계시고 네마음 가운데 부처님 계신다는 가르침은 팔만사천대장경 그 어느 곳에서나 찾아지는 공통된 가르침입니다.

진정 부처님 가르침을 믿으십니까? 원력을 세우고 기도해보십시오. 분명 그 사실을 깨닫게 되실 것입니다. 부처님 도량은 그 사실을 깨닫게 하는 영혼의 학교입니다.

우리가 부처님 전을 드나들면서 진심으로 '나는 부처님을 믿습니다, 부처님을 확신합니다' 외치는 사람, 외칠 수 있는 사람은 얼마나 될까요? 볼 수도, 들을 수도 없는 부처님이시기에 의심은 자연스런 현상입니다. 적당히 의심을 안고 들어서게 마련이고 또 의심 가운데 종교생활을 하게 마련입니다. 그같은 의심을 깨고 부처님께 대한 투철한 신심을 양성하는 길은 바로 기도요 정진입니다.

志默

1949년 출생
1976년 송광사에서 법흥스님을 은사로 득도
해인사 승가대 강사
프랑스 길상사 주지
수원 아란야선원 원장(현)

최상의 조건

얼마 전에 끝난 올림픽은 우리에게 많은 감동과 얘기거리를 남겨주었습니다. 12년만에 다시 동서東西의 모든 국가들이 참가 화합과 전진을 다짐한 이번 대회는 한국민의 저력을 세계에 과시했다는 점에서 모든 사람의 자랑이 되고 있습니다.

모든 경기가 다 박진감이 넘치는 승리의 뒤안길은 코끝 찡한 감동의 스토리가 있게 마련이지만 그중에서도 온국민들의 가슴을 벅차게 했던 것은 여자 핸드볼팀의 우승이었습니다. 비인기종목의 설움을 딛고 피멍이 들도록 연습한 보람이 있어 세계 최강이라는 소련을 이기던 날의 환호는 잊을 수 없습니다.

여자 핸드볼팀의 우승에 모든 국민이 그토록 환호한 것은 단순한 승리의 기쁨만은 아니었습니다.

어린 소녀들의 눈물겨운 집념에 얽힌 뒷얘기가 우리들을 더욱 감동케했기 때문입니다.

불우不遇를 딛고 일어선 인간승리, 그것은 금메달 이상의 값진 교훈이었습니다.

사람들은 흔히 자신의 불만족한 처지를 환경탓으로 돌리는 버릇이 있습니다. 나이든 사람들은 다시 어린 시절로 돌아가서 살 수만 있다면 더 멋지게 살았을 것이라고 꿈같은 낭만을 토론하곤 합니다.

모범학생으로 자라서 건실하고 유능한 사람으로 성장하지 못한것을 아쉬워 합니다. 또 어떤 사람들은 미국이나 유럽같은 나라에 태어나지 못한 것을 한탄스러워 합니다. 그런 나라에 태어났으면 현재보다 훨씬 행복했을 거란 얘기입니다.

그러나 이런 사람들은 미국으로 이민을 떠나 영주권을 얻어 수삼년을 살다가는 공통적으로 하는 말이 있습니다.

"미국도 그렇고 그런 곳이더군. 역시 한국이 괜찮은 나라야."

욕심많은 성격, 성내는 마음, 우둔한 머리가 고쳐지지 않는 한 언제 어디에서 태어나고 이민을 간다고 바뀌어질 리가 없는 것입니다. 생활태도가 바뀌지 않기 때문에 처음에는 약간 변화가 오는 듯 하지만 결국은 자기 습성대로 과거와 똑같은 생활 궤도를 달리지 않을 수 없는 것이 이치입니다.

〈인과경〉 맨끄트머리 법문에 이런 말씀이 있습니다.

"전생 일을 묻는가. 금생에 받고 있는 이 모습이 그것이다.
내생일을 묻는가. 금생에 하고 있는 모습이 그것이다."
若問前生事 今生受者是
若問後世事 今生做者是

문제는 주체를 변화시키려 하지 않고 주변환경이나 객체에 관심을 두는 데 있습니다. 밖으로 향한 시선을 모두어 안으로 내심을 비춰 볼 필요가 있지 않을까요. 사람은 누구에게나 제한적인 조건이 따릅니다. 키 큰 사람은 몸이 둔하고 작은 사람은 체력이 열세입니다.

미국에서 태어났다고 무조건 좋은 것도, 한국에서 태어났다고 무조건 나쁜 것도 아닙니다. 자신이 인생의 주인이 되어 어렵고 힘든 환경을 극복할 때 거기에 성공과 승리의 환호가 따릅니다.

마치 운동선수가 최선의 결과를 얻기 위하여 온갖 수고를 참으며 훈련하듯, 세상만사를 모두 그런 자세로 살아간다면 걷어내지 못할 장애가 없을 것은 뻔한 이치입니다.

호랑이를 잡으러 나섰다면 호랑이 굴속으로 찾아가는 길밖에 없습니다. 두려워하거나 건성으로 콧수염을 건드렸다가 되물리기가 십상입니다.

실패와 좌절은 여기에서 생깁니다. 호랑이를 잡으려면 혼신을 다해 눈을 부릅뜨고 호랑이와 대결하는 길밖에 또 무슨 방법이 있겠습니까.

참선공부도 마찬가지입니다. 오직 부지런히 정진할 뿐이지 따로 길이 없습니다. 전심전력으로 살아가는 사람만이 최상의 조건을 자기것으로 만들 수 있습니다.

知性

1941년 출생
1959년 동화사에서 혜진스님을 계사로 득도
1974~80년 대성사 · 제석사 · 대전사 주지
1983년 은해사 주지 · 능인학원 이사
1987년 용연사 주지
제7 · 8 · 9 · 10대 중앙종회 의원

모자란듯 갖고 살자

그럴 듯한 명분을 곧잘 내세우면서 이해利害관계에 초연한 듯 하다가도 막상 실제로 이권利權이 눈앞에 닥쳤을 때에는 지금까지 약속해왔던 자신의 약속을 까마득히 잊어버리는 사람들이 주변에 의외로 많습니다.

정치가로부터 일반회사의 평사원에 이르기까지 이익利益을 탐하는 사람의 마음이란 비슷한 것이어서 자신이 막상 이해관계에 개입되지 않았을 적에는 늠름한 대장부이자 도덕道德군자처럼 말하고 행동하다가도 정작 이해관계에 얽히게 되면 흡사 나찰처럼 변신變身해버리는 것입니다.

자신의 마음속에서 그렇게 하지 않으리라 마음 먹었던 것을 파기하여도 마음이 개운치 않은 법인데 이 세상 그 무엇이 그리도 인간의 심혼心魂을 앗아가버릴 정도로 탐나는 것이 있기에 많은 사람들과의 약속을 잊으면서 조차 이득을 구하려 하는지 산승山僧으로써는 알다가도 모를 일입니다.

이 세상에 좋은 것은 가득 차있습니다. 그것을 서로가 자기 욕심껏 가지려들지 않고 필요한 만큼만 쓰면서 살 때 그것은 늘 좋은 대로 있는 것입니다. 그러나 그것을 서로 차지하려 하고 더 많이 더 큰 것을 가지려고 애쓸 때 인간사회는 생존을 위해 빼앗고 뺏기는 피의 전쟁터로 화化하고 마는 것입니다.

순박한 인간사회도, 각박한 인간사회도 모두가 그 사회의 구성원들인 사람이 만드는 것입니다. 사람들 중에서도 많은 사람들에게 크게 영향을 미치는 사람들의 말이나 행동, 인품은 그래서 더욱 중요한 것입니다.

그들의 인품이 탐욕으로 가득찼을 때 그 사회가 탐욕의 깃발 아래모인 많은 군중대 군중에 의해 피비린내 나는 전쟁터로 바뀌리라는 것은 자명自明합니다.

보다 나은 삶을 지향하는 마음은 누구에게나 보편적으로 있게 마련입니다. 그래서 우리 사회를 보다 순박하고 풍요롭고 평화롭게 가꾸고 싶어하는 것이 대다수를 차지하는 것입니다.

그러나 그러한 대다수의 염원과는 거리가 멀게 눈앞에 닥친

특정 이권利權에 마음이 사로잡혀 공명정대公明正大한 공도公道와 공익公益에 반하는 행동을 한다면 대중들로 부터 지탄받아 마땅합니다.

부처님께서는 인간 스스로 인간사회를 피의 전쟁터로 만들 수 있는 마음의 세 가지 요소를 지적하신 일이 있습니다. 탐욕貪, 노여움瞋, 어리석음痴의 삼독三毒이 바로 그것입니다.

이 가운데 인간사회 속에서 가장 크게 작용하는 순서로 배열한데서 관찰의 뛰어남을 알 수 있게 됩니다.

노여움은 소수집단에서 심각한 문제가 될 수 있고 어리석음은 개인의 내면적 문제가 외부까지 영향을 미치는 것인데 반해 탐욕은 전체 조직에 적지 않은 영향을 미치는 심각한 독소毒素입니다.

보다 많은 것, 보다 나은 것을 차지하고 싶어하는 인간의 마음을 십분 이해한다 하여도 적어도 남에게 피해를 주지않고 다른 사람과 다같이 나은 사회를 건설할 수 있는 공도公道와 공익公益에 반反하지 않아야 할 것입니다.

그러기 위해서는 세상의 좋은 것, 아름다운 것들을 자신의 것으로 사유화私有化하려는 탐욕부터 추방하여 빈마음無心으로 세상을 대하도록 하는 일이 급선무일 것입니다. 참으로 마음을 비우지 않고 지도자가 되려한다면 그것은 도적과 진배없는 것입니다. 남의 집 재물을 훔친 것이 좀도둑인데 반해 사회와 국가의 거대한 이권을 훔친 도적이라는 차이 뿐입니다.

志安

1947년 출생
통도사에서 출가
1978~88년 통도사 승가대학 강주
마산 정법사 주지
경남 불교아카데미 원장
은해사 승가대학원 원장

1

법구비유경의 말씀

어느 날 부처님이 설법을 하고 돌아오던 길이었습니다. 여러 제자들에게 둘러 싸여 길을 걷던 부처님이 길가에 떨어진 종이 조각을 보고 저기 버려진 휴지가 무엇에 쓰였던 것일까? 하고 제자들에게 물었습니다. 한 제자가 휴지를 주워 냄새를 맡았더니 향내가 났습니다

"이 종이는 향을 쌌던 종이인 것 같습니다. 종이에 향내가 나고 있습니다."

이렇게 대답하자 부처님은 그러냐 하는 표정을 짓고 말없이 그냥 길을 계속해 갔습니다. 얼마를 더 가자 이번에는 길가에 새

끼토막이 하나 버려져 있었습니다. 부처님은 다시 물었습니다.

"저 새끼토막은 무엇에 쓰였던 것일까?

아까처럼 한 제자가 새끼토막을 주워 다시 냄새를 맡았습니다. 그리고 다시 부처님께 말씀을 드렸습니다.

"이 새끼는 썩은 생선을 묶었던 것인가 봅니다. 생선 썩은 비린내가 나고 있습니다."

이렇게 대답하자 부처님이 걸음을 멈추었습니다. 제자들도 걸음을 멈추고 무슨 말을 하시려나 하고 귀를 기울였습니다.

"비구들이여, 사람이 선업을 짓는 사람이 있고 악업을 짓는 사람이 있다. 선업을 짓고 사는 사람은 향을 쌌던 종이가 향내를 풍기는 것처럼 그 사람의 마음에서 향기가 나오고 악업을 짓고 사는 사람은 그 사람의 마음에서 악취가 나오게 된다. 향기 나오는 사람의 마음이 이 세상을 아름답게 한다."

"대개 어떤 사람이라도 그 사람의 마음이 본래는 깨끗하지만 모두 인연을 따라 죄와 복을 일으키는것이다. 현명한 사람을 가까이 하면 도의 뜻이 높아지고 우매한 이를 벗하면 재앙이 오는 것이다. 그것은 마치 종이가 향을 가까이 하였기 때문에 향내가 나고 새끼는 생선을 꿰었기 때문에 비린내가 나는 것과 같아서 차츰 물들어 친해지면서도 사람들은 그것을 깨닫지 못한다."

《법구비유경》〈쌍요품〉에 나오는 이 이야기는 인간의 선행과 악행을 향기와 악취에 비유한 것으로 향기롭게 사는 것이 삶의 참된 의미임을 설한 법문입니다.

오탁악세의 혼탁이 인간의 심성을 자꾸만 오염시키는 오늘날의 세태를 생각해 보면 어떤 것이 인간의 참모습일까 하는 의문이 생깁니다. 모두가 정신없이 허둥대면서 자기 정체를 잃어버리고 있는 것 같습니다. 어쩌면 우리는 문명세상을 살고 있는 것이 아니라 문명의 병증에 깊이 중독되어 살고 있는지도 모릅니다.

중독된 삶이란 결코 건강한 삶이라 할 수 없는 것임에도 해독의 처방을 자기 자신의 마음에서 내리려는 생각을 하지 못합니다. 마음을 지혜롭게 쓰지 못하는 정신적 불우환경에 처해 마음의 공덕을 유실하는 쪽으로 나가니 이미 정신적 돌파구를 찾는 방향감각이 상실된 셈입니다.

그리하여 탐 · 진 · 치 삼독三毒만 자꾸 늘어나는 세상이 되어가고 있습니다. 환경오염이 생태계를 위협하는 것처럼 사람의 마음이 오염되면 결국 정신적 불구의 결과가 오고 마는 것입니다. 《법구비유경》은 서진西晉때 법거法炬와 법립法立이 공동으로 번역하여 4권으로 되어 있는데 전체의 품은 40품으로 되어 있습니다. 운문체로 된 《법구경》의 내용에 비유의 이야기를 삽입하여 누구나 쉽게 이해하도록 하였습니다.

2

말과 마음

잘 알려진 이야기입니다만 불교에서는 선과 교를 마음과 말의 관계로 이해하고 있습니다. "선은 부처님 마음이요禪是佛心 교는 부처님 말씀이다敎是佛語"는 말은 〈선문어록〉에 자주 등장하는 말입니다. 마음속에 일어난 생각을 표현하여 남에게 전달하는 것이 말 곧 언어입니다.

그런데 마음과 말이 범부들에게는 일치되지 않는 약점이 있습니다. 이른바 언행일치가 되지 않아 말이 헛소리가 되거나 거짓말이 되어버리는 경우가 허다하다는 말입니다. 이리하여 말이 진실하지 않을 때는 곧 마음이 진실하지 않다고 판단을 하게 되는 것입니다.

사람의 행위가 마음에서 말과 행동으로 일어납니다. 이것을 신·구·의 삼업이라 하지요. 마음에 일어난 생각이 의업이 되고, 말은 구업이며, 신체적 행위가 신업입니다. 이중 의업은 남에게 분명히 표시가 되지 않으므로 무표업無表業이라 하고, 구업과 신업은 남이 알 수 있도록 표시되는 표업表業이 됩니다. 때문에 인간의 표현된 행동은 반드시 그 배후에 표현되지 않는 어떤 비밀이 숨어 있는 결과가 됩니다. 예를 들면 어떤 사람이 거짓말을 했다 할 때 왜 그 사람이 거짓 말을 했는가 하는 의문이 남는다는 것입니다. 동시에 이 의문은 항상 그 사람에게 믿을 수가 없다는 불신을 가져오게 됩니다.

불교의 수행 가운데 선정 수행, 다시 말해 참선 공부가 왜 중요하냐 하면 선정이 닦아진 마음에서는 번뇌와 망상이 쉬어지기 때문에 마음과 말, 마음과 행위가 항상 일치될 수가 있기 때문입니다. 마음의 진실이 그대로 말로 이어지고 행동으로 이어지기 때문에 남으로부터 불신을 초래하지 않게 됩니다.

말 한마디가 매우 중요합니다. 왜냐하면 한마디 말이 세상에서 가장 중요한 내 마음에서 나오는 말이기 때문입니다. 흔히 우리는 "말 한마디가 천냥 빚을 갚는다"는 속담을 기억하고 있습니다.

남에게 고마움을 느끼도록 하면 그 대가가 엄청나게 크다는 것을 뜻하는 말이지만 그 보다도 말이란 마음의 표시이므로 이 표시가 잘못되면 내 자신이 잘못되는 엄청난 인과의 법칙을 가지고 있는 것이므로 말은 항상 신중하고 진실하게 해야 하는 것입니다.

어느 시대고 사회는 그 시대 사람들이 쓰는 언어의 진실성으로 사회도덕과 윤리 수준을 가늠하게 됩니다. 거짓말이 횡행하고 사기가 들끓는 사회는 언어의 생명력이 죽어 있는 사회가 됩니다. 말을 믿을 수 없을 때는 아무것도 믿을 수가 없게 됩니다. 사회는 그 시대 사람들이 심어 놓은 언어의 나무가 있습니다. 사람들이 쓰는 말이 거짓이 되면 이 언어의 나무가 말라 시들어 고사를 하게 됩니다. 이 나무에 물을 주어 다시 생기를 얻어 살아나도록 하는 것이 그 사회의 공동 책임인 것입니다.

특히 우리나라는 정치적 환경이나 사회적 환경의 제반 사정이 말에 대한 의심을 많이 낳게 합니다.

모두가 언어문화의 천박성 때문이라 할 것입니다. 지키지 못할 약속은 하지 않는 것이 좋으며, 말에 대한 책임이 내 자신의 진실성을 보장하는 것입니다.

3

불교는 법을 설하는 종교

불법의 깊고 비밀스러운 이치를 풀이 한다는 뜻으로 붙여진 이름인 〈해심밀경〉은 이 세상 모든 현상은 사람의 마음에 의해 변하여 나타난 것이라는 만법유식萬法唯識의 대의를 천명해 놓은 경입니다.

7세기 중엽에 현장삼장이 번역한 본이 널리 유통되어 있지만 보리유지가 번역한 〈심밀해탈경〉이란 제목으로 된 본 외에 진제삼장이 번역한 〈불설해절경〉도 있습니다.

우선 이 경은 설한 곳이 인간 세상이 아니라 7보로 장엄된

불세계의 궁전으로 되어 있습니다. 수많은 보살들과 천룡팔부중이 모여 있는데 여기가 바로 부처님 법의 수도로 대승불도를 닦는 본거지인 셈입니다.

8품으로 되어 있는 이 경은 유식의 소의경전으로 부처님의 세계는 깨끗한 식淨識의 세계로 일체 현상을 초월한 것이라 사람들의 생각으로 판단하여 이해할 수 없는 것이라 하였습니다.

두 번째 품인 〈승의제상품〉에서 부처님이 깨달은 진리의 승의제勝義諦를 세 가지로 설명하면서 승의제는 말로서 표현할 수 없는 유일무이한 것이요, 생각으로 알 수 없는 것이며, 온갖 분별을 초월한 것이라 하였습니다. 어떤 사람이 일생동안 맵고 쓴 것만 먹어온 사람이 꿀과 엿의 단맛을 모르는 것처럼 부처의 깨달은 세계를 범부들은 알지 못한다 하였습니다.

〈심의식품〉에서는 아뢰야식에 대한 설명이 나옵니다. 이 아뢰야식이 현상계의 모든 것을 낳는다고 설합니다. 말하자면 이 경에서는 아뢰야식 연기설을 설하고 있습니다. 그리고 사람들이 윤회를 거듭하면서 전생에 한 행위의 결과가 아뢰야식의 마음속에 종자처럼 저장이 된다고 설명합니다. 이 종자에 의해서 자신과 객관세계의 모든 것이 생성된다고 하면서 종자를 간직하는 아뢰야식이 실존의 근본이 되며 다른 것은 모두가 거짓된 형상에 불과하다는 것입니다.

그리고 이 아뢰야식은 폭포의 물처럼 거세게 흘러 사람들을 현상의 세계에 대해 온갖 애착과 갖은 번뇌를 유발시켜 생사의 윤회에 떨어지게 한다고 하였습니다.

일체 모든 법이 내 마음을 벗어나지 않는다는 것이 유식의 대의입니다. 바꾸어 말하면 마음을 벗어난 외부 세계에 사물이 존재하는 것이 아니란 말입니다. 모든 존재하는 것은 결국 마음으로 귀착됩니다.

불교는 법을 설하는 종교입니다. 이 법이 식識에 의해 법상法相 곧 존재하는 모습으로 인식될 때 법이라는 것입니다.

법이라는 말은 물론 때로는 부처님의 교법을 뜻하는 말로도 쓰입니다. 삼보 가운데 법보의 법으로 이는 또한 진리 그 자체를 뜻하는 말이기도 합니다. 〈아함경〉에서

"연기를 보는 자는 법을 보며, 법을 보는 자는 연기를 본다."

고 한 말에서 법은 존재하는 것을 뜻하는 말이면서도 진리 그 자체를 뜻하고 또 진리를 설하는 부처님의 가르침 교설을 또한 법이라 하는 것입니다. 〈해심밀경〉에서는 이 법의 원리를 풀이하면서 올바른 수행을 권장하고 있습니다.

〈분별유가품〉에서는 유가행瑜伽行의 실천을 설해 사마타와 비발사나의 지관止觀을 닦을 것을 미륵보살에게 일러주는 대목이 있습니다. 또 〈지바라밀다품〉에서는 보살이 닦아야 하는 10

지의 수행단계를 설하면서 이 수행의 과정을 이룩해야 불도가 성취된다고 하였습니다.

그리고 10바라밀에 대하여 설하면서 보살이 바라밀을 실천하여 중생을 제도하겠다는 큰 원력으로 힘을 내어 중생들을 모두 지혜의 길로 인도하여야 한다고 하였습니다.

至元 서울 불광사 법사

우리는 善友인가

불교에 선지식善知識이라는 말이 있습니다. 선지식이란 부처님 법에 바른 안목을 가지고 다른 사람으로 하여금 정법正法에 들 수 있도록 도와 주는 지혜와 힘이 있는 분을 가르키는 말입니다.

크든 작든 불법인연을 맺어준 사람이면 누구나 선지식이라고 부릅니다. 염불일구를 일러 주든, 불법에 믿음이 나게 한 인연이 되어 준 분이면 선지식이라고 하는 것입니다. 선지식을 친우親友 · 선우善友 · 선친우善親友라고도 하는 것은 이런 뜻 모두를 가르키는 뜻일 것입니다

우리는 삶을 통해 많은 선지식이 계심을 알게 됩니다. 처음

불법인연을 갖게 해주고, 믿음을 심어 주기도 하며, 크게 성장시켜 주기도 하며, 궁극적 완성으로 이끌어 주기도 합니다.

그래서 선지식은 많은 일들을 하게 됩니다. 항상 우리들 곁에서 도와 주시고 보살펴 주십니다. 병자에게는 의약이나 의술로 돕고, 가난한 사람에게는 재물로 도우며, 외로운 사람에게는 풍성한 우정으로 돕고, 무지의 어둠에는 법문으로 돕습니다. 그리고 그 모두의 마지막 해결은 필경 미혹의 타파, 청정본원의 회복으로 인도합니다.

〈상응부경전〉에 선지식에 대한 부처님과 아난의 다음과 같은 대화가 나옵니다.

"생각하옵건데 선우善友를 갖고 함께 있다는 것은 성스러운 도를 반은 성취한 것과 같다고 생각합니다."

이에 대하여 부처님께서는 이렇게 말씀하셨습니다.

"너희들이 여래를 선우로 함으로써 늙어야 할 몸이면서 늙음에서 자유가 되고, 병들어야 할 몸이면서 병에서 자유가 되고, 죽어야 할 몸이면서 죽음에서 자유가 된다. 그러니 선우를 갖는다는 것은 성스러운 도道의 모두라 할 것이다."

다시 말해 부처님께서는 당신을 우리의 선우라 하셨습니다. 그러면 우리의 선우이신 부처님은 누구이신가요.

부처님께서 거듭 말씀하신 바와 같이 「법」이셨습니다.

「법을 보는 자, 여래를 본다.」하셨고 「법을 행하는 자, 여래와 같이 있는 자.」라고도 하셨습니다. 부처님은 법이시므로 영원하시고 법이시므로 보편하시고, 법이시므로 영원히 현존하십니다.

법이신 부처님이 삼천년전에나 지금에나 또는 미래세가 다해도 항상 현재에 계시어 우리의 가장 친근한 선우가 되고 계신다는 뜻입니다.

부처님께서 말씀하신 선우의 뜻이 이런 것이라면 우리들 모두는 마땅히 선우善友여야 하는 것입니다. 바른 지견과 바른 믿음으로 따뜻하게 살아가고 모든 사람에게 대하여 법의 기쁨, 법의 밝음, 법의 지혜를 비춰주고 전해주어야 합니다. 때로는 굳건한 힘으로써 의지가 되고, 때로는 밝은 지혜로써 길을 밝혀주고, 때로는 재물로써 결핍을 채워 주기도 하지만 필경 법의 기쁨, 법의 활기, 법의 원만을 살게하여야 하는 것입니다

우리 불자 모두가 선우이므로 불자가 사는 곳에 밝음이 있고 기쁨이 있습니다. 불자와 대하고 있는 이웃과 사회는 밝고 번영이 있습니다. 불자를 만나서 진리생명에 눈뜨게 되고 진리생명의 기쁨을 누리며 무한 창조의 길을 열어가니 이래서 불자와 함께 하는 세계와 시대가 밝아지는 것입니다. 부처님께서

"나를 선우로 함으로써 고난과 죽음에서 벗어난다."하신 것처럼 법을 믿는 선우의 존재를 통하여 우리 국토와 형제 모두에게 법의 기쁨을 전해 주어야 할 것입니다.

志源

1956년 출생
1966년 송광사 법홍스님을 은사로 득도
1983년 불교인권위원회 공동대표
1988년 연꽃마을 이사
1991~99년 전국어린이 불교연합회 부회장
1996년 석림동문회 사무총장
2006년 조계종 총무원 사회부장
부산 문수사 주지

대승보살의 노래

요즘은 TV나 신문을 보기가 참으로 겁이납니다. 연일 계속되는 철거민이나 농어민등 특수 집단의 데모, 노동자들의 연계파업, 인신매매, 청소년 탈선 등 오늘도 신문의 중량重量을 더하고 있습니다.

이 시점에서 우리국민 모두는 많은 것을 생각하고 정리할 때가 왔다고 생각합니다.

국민을 위한 정치, 노사간의 공동체 의식, 상아탑의 정의가 다함께 이 사회에 실현 된다면 일련의 이러한 현상은 다소의 부작용과 진통이 있었다 하더라도 국민들의 의식향상에는 많은 도움이 되었을 것입니다.

우리가 조금만 진정하고 마음을 비워보면 우리민족이 어떤 민족이고 우리의 만남이 또한 어떤 만남인지 그 소중함을 알 수 있습니다.

역사적으로 수많은 역경과 고난을 겪으면서도 그때마다 모두가 공동의 선을 위해 화합하고 지혜를 창출해 냈던 경험이 있는 민족이기도 합니다.

오늘날 우리가 전세계에 자랑하는 5천년 문화유산은 어느 특정 집단이나 한 기능인에 의해 이룩된 것이 아닙니다. 그것은 민족전체의 혼魂과 지혜의 결정체인 것입니다.

오늘의 사회문제나 노사간의 갈등, 지역간의 감정도 민족이라고 하는 대승적인 차원에서 해결되어 져야 하겠습니다. 모든 것에 선행하는것이 민족적인 동질의 가치입니다.

오늘 우리가 처해있는 난제들을 풀기위해 국민 모두가 다같이 지혜를 모아야 합니다. 그러기 위해 제일 먼저 요구되는 것이 관용과 화해의 정신입니다. 관용과 화해의 정신은 곧 동체대비의 보살정신 입니다.

이 보살정신의 실현없이는 진정한 의미에서 관용과 화해란 불가능 합니다. 그것은 일시적이고 괴략적인 것이 아니라 크나큰 대비심大悲心에서만 가능하기 때문입니다.

불교사상중에서 사회성과 중생에 대한 관심이 가장 잘 나타나 있는 것이 동체대비의 보살정신입니다. 보살이 이 세상에 출현한 목적도 중생의 고통의 현장에 동참하기 위함이며, 난행고행을 통해 덕행德行을 쌓아가는 것도 끝내는 중생에게 모든 것을 회향하기 위해서입니다.

그래서 〈화엄경華嚴經〉 십회향품十廻向品에서는 이렇게 말하고 있습니다.

"나는 모든 중생의 집이 되리라. 그들의 고뇌를 없애주기 위해서 나는 중생의 수호신이 되리라. 그들의 번뇌를 끊어 해탈케 하기 위해서 나는 모든 중생의 귀의처가 되리라. 그들이 모든 공포로부터 벗어 날 수 있도록 나는 모든 중생의 안락처가 되리라. 그들이 구경의 안락을 얻을 수 있도록 나는 모든 중생의 광명이 되리라. 그들이 지혜의 빛을 얻어 무명의 어둠을 없앨 수 있도록 나는 모든 생명의 길잡이가 되리라. 그들에게 걸림없는 큰 지혜를 주기 위해서."

보살의 삶이란 자기본위가 아니라 중생본위로 삶을 살아가는 영원한 인간상입니다.

이러한 대승적 보살의 삶이 우리의 삶의 현장에서 구체적으로 실현될 때 대립과 갈등, 증오와 원한이 사라진 정토적淨土的 삶으로 승화 될 것입니다.

이 보살정신이야말로 우리 모두가 이 시대에 지녀야 할 정신입니다. 보살정신은 곧 낮은 자에 대한 관심이며, 나눔의 정신이기 때문입니다.

그간 우리는 우리곁에서 정치적으로나 경제적으로 고통받고 소외당한 민중들에게 얼마나 관심을 갖고 그들에게 무엇을 나누어 주었는지 겸허하게 생각해 봅시다.

중생회향이란 그들의 아픔에 동참하는 적극적인 삶, 바로 보살정신인 것입니다.

智園 서울 삼보사 주지

범어사에서 성준 스님을 은사로 득도
1006년 양주군 육지장사 주지(현)

1

분노의 함정

"만약 누가 너희들을 헐뜯거나 칭찬한다고 해서 분함을 이기지 못하거나 공연히 들떠서는 안된다. 남의 말에 놀아나면 스스로 망칠 뿐이다."

〈장아함경〉제 14 〈범동경〉에 있는 이 말씀은 감정에 빠져 본의아닌 실수를 하거나 망신亡身을 하기 쉬운 범부들의 어리석음을 일깨워 주는 말씀입니다. 공연히 건방져서도 안되지만 그렇다고 속빈 허세에 기죽을 필요가 없다는 애깁니다

중국 송나라때의 소동파는 일찍이 〈사서삼경〉은 물론, 불교의 교리에도 통달하여 그와 대적할 사람이 없을 정도였습니다.

그가 어느 때 한 고을의 원님으로 부임했을 때의 일입니다. 고을 사람들은 새로 부임한 원님을 맞아 성대한 환영회를 베풀었습니다. 이 자리에서 그는 해박한 문장력을 총동원해 시詩 한 수를 지었는데 그 시는 당대의 문객들로부터 칭찬을 받을 만큼 뛰어난 작품이었습니다.

하늘 가운데 하늘이신 부처님께 조아립니다.
부처님의 광명은 삼천대천 세계를 다 비추시며
마음을 동하게 하는 여덟 가지 바람에도 움직이지 않으시고
자금색 찬란한 연화대에 앉아 계십니다

稽首天中天　毫光照大千
八風吹不動　端坐紫金運

여기서 팔풍八風이란 쇠衰(=쇠퇴한 상태) 훼毁(=뒤에서 비난하는 말) 기譏(=면전에서 욕하고 냉소하는 말) 이利(=이롭게 하는 말) 예譽(=뒤에서 칭찬하는 말) 고苦(=심신의 괴로움) 낙樂(=마음의 즐거움) 칭稱(=면전에서 찬하는 말)등의 8가지 경계의 마음을 말합니다.

좋다고 말하는데 웃지 않는 사람이 없고, 욕하는데 화내지 않는 사람이 없습니다. 더욱 어려운 것은 보이지 않는 곳에서

칭찬하는 소리를 들으면 참기 어려울 정도로 마음이 기뻐 지는 것이 사람입니다.

이런 8가지 경계에 마음이 움직이지 않는 사람이 없습니다. 그러나 소동파는 이 시詩에서 마치 자신은 그 경계에 움직이지 않는 것처럼 쓰고 있습니다.

소동파가 원님으로 있던 고을에 금산사라는 절이 있었는데 그곳에는 참선공부를 하던 불인佛印이라는 도력과 덕망이 높은 큰스님이 계셨습니다.

소동파는 이 큰 스님으로부터 칭찬을 듣고 싶어서 자신의 시를 사람을 시켜 강건너 불인선사에게 평을 받아오게 했습니다. 불인선사는 보자마자 구비拘屁(개방구 소리)라고 혹평을 했습니다.

소동파는 불교의 이치를 심오한 부분까지 깨쳤다는 평을 받아올 것으로 잔뜩 기대하고 있다가 개방구소리라고 했다는 말을 듣고 화가 있는대로 나버렸습니다. '이 방자한 놈을 그냥 둘 수 없다' 는 생각으로 병졸을 이끌고 강을 건너 금산사로 들이 닥쳤습니다.

이러한 상황을 미리 예견했던 불인선사는 상좌를 시켜 사천왕문을 걸어 닫고는 거기에 다음과 같은 글귀를 붙여 놓았습니다.

八風吹不動,

一屁打過江

여덟가지 바람에도 움직이지 않는다는 경계를 아는 사람이

개방구 바람 하나를 맞고 강을 건너는구나.

라는 뜻입니다.

소동파가 사천왕문 앞에 다다라 이 글귀를 보자 아연실색하지 않을 수 없었습니다.

"아차, 부족한 수양이 내 인격에 먹칠을 하였구나!"

하고는 크게 깨닫고 수하들을 되돌려 보냈다고 합니다. 훗날 소동파와 불인선사는 아주 가까운 신도와 제자 사이가 되었습니다.

이와 같이 하나의 생각을 관리 잘하고 잘못하는데 따라 생활의 모습이 달라질 수 있음을 마음에 새겨 두어야 하겠습니다.

2

짓는 데로 받는다

불도佛道란 무엇입니까. 복덕의 문이요, 지혜의 문입니다. 이 세상의 모든 현상은 우리 마음의 표현입니다. 우리의 모든 행동은 우리 마음의 결정에 의해 나타나기 때문입니다. 인생을 보다 밝고 즐겁고 아름답게 살기 위해서는 밝고 아름다운 마음으로 인생을 설계하고 그에 따라 부단히 노력해야 합니다.

그 노력에는 반드시 서원을 지녀야 합니다. 무엇인가 마음속에 발원한다는 것은 내일의 희망이 되기 때문입니다. 간절한 소망은 기필코 이뤄집니다. 우리에게는 부처님과 똑같은 지혜를 발휘하는 마음이 있습니다. 누구나 자기의 목표를 분명하게 세워놓고 열심히 정진하고 노력하면 각자가 원하는 만큼 반드시 얻을 수 있습니다.

가난은 죄악입니다. 스스로 지니고 있는 능력을 무시하고 아만심을 내며 노력하지 않는 것이야말로 가난의 직접적인 원인입니다. 일례로 제가 아는 분 중에 글을 쓰는 분이 있습니다. 글에 대한 탁월한 재능과 합리적 이론과 달변 등을 고루 갖추고 있음에도 불구하고 일상의 생활은 매우 가난합니다. 그 이유를 살펴보니 그 사람의 글과 언어 속에는 비판과 불평으로 가득 차 있었습니다. 글에 대한 재능은 풍부하지만 그 사람의 영혼은 그와 같은 불행과 가난으로 어우러져 있기 때문에 그것이 글을 통해 고스란히 묻어나오기 때문입니다.

이같은 가난과 불행은 정진과 노력의 부족, 신념과 성실의 부족, 봉사와 애정의 부족, 배려와 관용정신의 부족, 보시하는 마음의 결핍 등이 구체적으로 나타난 것입니다. 이를 극복하기 위해서는 반드시 발심을 해야 합니다. 발심이야말로 이같은 제반 문제점에 대한 진단이요, 처방이며 효과이기 때문입니다. 왜 진정한 발심이 필요한지, 발심의 구체적인 행위는 어떻게 드러나고 있는가를 말씀드리겠습니다.

우리 속담 가운데 '천리 길도 한 걸음부터' 라는 말이 있습니다. 이 말속에는 '지속적으로 노력하고 정진하는 사람 앞에는 불가능이 없다' 는 뜻이 함께 담겨져 있습니다. 그래서 부처님께서도 '더욱 부지런히 정진하며 법 닦기를 생각하면 오래지 않아 괴로움을 완전히 벗어날 뿐만 아니라 번뇌가 없는 행을 성취한다' 고 하셨습니다.

이같은 정진은 실상지혜實相智慧를 바탕으로 하여 보리를 인因으로 삼고, 동체대비를 근根으로 삼으며 퇴전이 없는 심신의 노력으로 방편을 삼습니다. 정진은 끊임없이 앞으로 나아가는 원동력입니다.

두 번째로 신념과 성실의 부족을 극복해야 합니다. 내면에 뜨거운 열정인 신념을 갖고 일에 뛰어든 사람은 성공하기 마련입니다. 이를 위해 각자의 근기에 맞춰 기도를 열심히 해야 합니다.

셋째 봉사와 애정의 부족을 극복해야 합니다. 보살정신의 이념과 실천은 궁극적으로 인간을 비롯한 생명체를 향한 절대자비의 강조입니다. 〈아함경〉에 따르면 부처님께서는 '제가 하겠습니다라는 봉사의 마음에서 사랑이 나온다' 고 하셨습니다. 이 사랑은 받는 것이 아니라 주는 것입니다. 사랑하는 마음은 계속 이어가야만 나의 복덕도 쌓아 나갈 수 있는 것입니다.

넷째, 배려와 관용정신의 부족을 극복해야 합니다. 남을 비판하고 비난하는 사람은 관용력이 부족한 사람입니다. 남에 대한 배려와 남의 언행에 대한 반응이 곧 관용입니다. 배려와 관용에 대해 부처님께서는 인욕정신으로 말씀하셨습니다. 한없는 자애심의 발로인 인욕을 통해 기쁨과 대자유를 얻게 될 것입니다.

다섯째 베풀어주는 마음의 결핍을 극복해야 합니다. 부처님께서는 복전이 없는 사람은 제 아무리 노력해도 부자가 될 수 없다고 하셨습니다. 이는 오랫동안 물을 끌어 올리지 않았던 펌프에서는 아무리 핸들을 틀어도 물을 끌어 올리지 못하는 이치와 같은 것입니다. 반드시 주는 만큼 자신에게 되돌아온다는 사실을 알아야 합니다. 먼저 베푸십시오. 그러면 그대에게 돌아올 것입니다.

행복도, 불행도 가난도 내가 만든다는 것입니다. 행복의 그릇을 크게 만드시기 바랍니다.

智源

1953년 출생
1976년 법주사에서 혜정스님을 은사로 득도
1992년 충주불교방송국 설립추진위 상임이사
개심사 주지 · 완주 송광사 주지
2000년 조계종 총무원 기획실장

아침 티끌과 천년 보배

어떻게 살아야 할 것이며, 어떻게 살아야 당당한 장부丈夫이고 인생의 주인일 수 있을까요?

이 세상에서 삶을 영위하는 사람치고 큰 사람이 되고 싶지 않은 이는 없을 것입니다. 그러나 많은 사람들은 어떻게 살아야 할 것인가라는 물음을 뒤쫓기만 하다가 결국은 전도된 삶으로 회향하고 맙니다.

돈 때문에 양심을 팔고 아부하여 명예를 얻고, 사랑에 눈멀어 파렴치한이 되고, 권력욕 때문에 신의를 저버리는 세상이 되어버렸습니다.

저마다 자기의 욕망을 성취하기 위해 주먹을 불끈쥐고 남을 쥐어박고 목에 핏대를 세워 소리지릅니다. 지나치게 비대해진 성취동기로 인하여 세상을 온통 구정물로 만들고 있습니다, 정치인 · 경제인 · 학자 · 예술가 등…, 더욱이 이 가치혼란의 시대의 청정지역이라고 하는 성직자 마저도 이제는 걷잡을 수 없을 정도로 의연한 모습을 보여주지 못하고 있습니다.

한치 건너 두치를 제대로 보지 못하는 그야말로 중생의 모습을 열심히 보여주고 있습니다.

밖으로만 밖으로만 치닫고 있는 모습이 마치 휘발유에 성냥불을 던지는 듯 한 모습입니다. 고금의 역사를 통해 시행착오 속에 삶을 살다간 사람들의 한결같은 것이 바로 욕망을 주체못하고 불을 당겼던 이들입니다.

굳이 도연명의 공수래공수거空手來空手去라는 말을 인용치 않더라도 이 세상 붙잡을 것이 없고 가지고 갈 것이 하나도 없는데도 아귀다툼, 아수라 난장판을 만들고 있습니다.

원효스님의 〈발심수행장發心修行章〉에 보면

『無防天堂에 少往之者는
三毒煩惱로 爲自家財요.
無誘惡道에 多往入者는
四蛇五欲으로 爲妄心寶라』

는 말씀이 있습니다.

담장도 치지 않은 천당에 가는 사람이 적은 것은
탐진치 삼독을 자기인생의 보물로 삼기 때문이요,
어서오라는 꼬임도 없는 괴롭기 그지없는 3악도에
수많은 사람들이 빠져 괴로워 하는 것은
허망한 몸과 오욕을 영원한 보배로 삼기 때문이다.

라는 것입니다.

한 마음 깨우치면 부처요, 한 마음 어리석으면 중생이라 했습니다. 자기몸과 마음하나 다스리기에 따라서 행복과 불행이 결정되는 것입니다.

그러자면 인생의 실상實相을 바로 보아야 합니다. 인생은 마치 바닷가의 모래성과 같습니다. 파도가 밀려오면 무너지게 되어있고, 아무리 고대광실을 지어도 조그만 불씨에 일순간 잿더미가 되고 맙니다. 5욕과 탐진치로 살이 찌면 마치 풀을 열심히 뜯어 먹어 살이 찌고 건강한 소가 도살장에 먼저 가는 것과 같음을 알아야 합니다.

원효스님은 같은 글에서

『三日修心은 千載寶요 百年貪物은 日朝塵이라』

했습니다.

3일동안 닦은 마음은 천년의 보물을 얻는 것이요,
인생 백년에 간탐해 모은 재물은 하루 아침에 티끌과 같다.

는 이야기입니다.

달마스님에게 양무제가 수 많은 불사를 한 후 그 공덕을 물으니

"지은바 공덕이 없다."

하였고, 순나라 순치황제는

"인생 백년이 마치 꽃놀이 바둑과 같다"

고 하였습니다.

〈화엄경〉에 이르기를

"진정으로 큰 모양은 형체가 없고 진정으로 큰 소리는 소리가 없다大像無形大音無聲."

라고 했습니다. 진정으로 큰 모습을 보아야 하고 큰 소리를 들어야 됩니다. 룸비니에서 구시나가라 까지의 긴 여정을 무소유로 가셨던 불타의 모습은 시방세계에 충만되었고 불타의 목소리는 시공을 초월해 있습니다. 자기의 모습을 드러내지 않고 자기만의 고집을 내세우지 않는 사람이 바로 장부요 큰 사람이며 보살이며 부처입니다. 공허한 몸짓, 소리를 하여 무상살귀에 끌려가 백겁 · 천겁에 후회하지 말아야 하겠습니다.

至淨 전 부산 마화사 주지

대자연의 가르침

불교의 진리를 사람들에게 전달하여 깨우쳐 주는 말씀을 설법이라고 할 수 있습니다. 그러나 넓은 의미에서 꼭 언어만이 설법의 역할을 하는 것은 아닙니다.

왜냐하면 불교에서 말하는 법이라고 하는 개념은 광범위하고 포괄적인 내용이어서 그 뜻을 확연하게 지적하기가 매우 힘들기 때문입니다.

형이상학적인 마음의 움직임은 말할 것도 없고 육안肉眼으로 보여지는 세상의 모든 물체物體=우주, 자연마저도 법이라는 개념 속에 다 포함시킬 수 있습니다.

이처럼 불교에서 말하는 법은 이 세상 모든 것이 온통 법 아닌 것이 하나도 없다는 것입니다. 이러한 법(法)들 속에는 반드시 인간에게 교훈이 되고 행복이 될 수 있는 진리(佛性)가 숨어 있습니다.

다시 말해서 부처님의 진리가 숨어있지 않은 법은 이 세상 어디서든지 찾아볼 수가 없습니다. 그러기에 중국의 소동파는

"자연의 모습 그대로가 청정법신불淸靜法身佛이요, 계곡의 물소리는 설법에 다름아니다山色豈非淸淨身 深聲便長廣說"

라고 했습니다.

설법의 의미는 바로 이 숨어있는 불성佛性을 들추어 내어 스스로 행복을 창조 할 수 있도록 그 능력을 길러 주는데에 있습니다. 이것이 설법일진대 인간은 열심히 설법을 듣고 보고 체험하고 그리고 느낌(마음)으로 정리하여야 합니다

우리는 일반적으로 설법을 듣는 것으로만 국한시킵니다. 이것은 잘못된 견해입니다. 느낌이라고 하는 것은 결국 마음의 작용입니다.

마음의 작용으로 불성佛性이 제 기능을 발휘하여 자비행이 실천 되어지는 자극제가 될 수 있는 것이라면, 보고 체험하고 느낀다고 해서 설법이 아닐 수는 없습니다.

그러므로 세상 사람들이 살아가는 천태만상의 모습도, 연일 쏟아져 나오는 신문기사나 텔레비전의 화면들도, 말없이 서 있

는 높은 산, 깊은 바다의 웅장하고 광활한 모습도 모두 설법이고 '밥을 먹으니까 배가 부르다.' 라고 하는 체험도 설법이 아닐 수 없습니다.

물론 이런것들은 받아들이는 사람의 느낌에 따라서 설법이 될 수도 있고 안될 수도 있습니다. 따라서 부처님의 진리는 높은 산, 깊은 골짜기에만 나타나 있는 것입니다.

나의 가정과 나의 마음속에 부처님이 계시다는 것을 우리는 설법을 통하여 부지런히 수행하고 또, 우리는 무언無言의 자연 설법을 듣고 보고 체험하고 생각(느낌) 할 줄 아는 능력을 만들어야 합니다.

창밖에 떨어지는 오동나무잎 하나를 보고 천하에 가을이 온 것을 알아차리고 세월의 무상을 느끼는 무언無言의 설법도 중요한 줄 알아야 합니다.

〈논어〉에 보면

"세 사람이 길을 가면 두 사람은 나의 스승이 된다."

라는 말이 있습니다. 악한 사람으로 부터는 나쁜 행동을 하지 말아야 겠다는 것을 배우고, 착한 사람으로부터는 그것을 본받아야 겠다는 것을 배우게 되니 좋고 나쁜 것이 모두 스승이 된다는 것입니다.

우리는 분명히 세상의 모든 것이 불성佛性아닌 것이 없고, 설법 아닌 것이 없음을 알아야 합니다. 그리고 나의 마음속에 완성된 영원한 생명력과 무한한 능력도 알아야 합니다.

그리하여 불성佛性을 지닌 행복한 인격자의 숨소리가 고동치고 있는 자연설법自然說法을 들을 줄 알아야 합니다.

인위적人爲的이고 가시적可視的인 요란한 소리의 외침보다도 자기 내면에서의 용솟음 치는 소리없는 본심本心의 자연설법을 듣는 사람이야 말로 진정한 행복의 열쇠를 가진 사람이라고 할 수 있습니다.

지 정 태고선원 스님

바른 충고

〈사분율四分律〉46권에는 아래와 같은 내용이 있습니다.

첫째) 사실에 근거하여 말해야 한다.
둘째) 자비심으로 말해야 한다.
셋째) 부드럽게 말해야 한다.
넷째) 적당한 때時에 말해야 한다.
다섯째) 상대를 이익 되게 말해야 한다.

이것은 부처님께서 비구가 다른 비구에게 충고할 때 갖추어야 할 조건을 말씀하신 부분입니다. 도반이든 제자든 이웃이든 타인에게 충고를 한다는 것은 여간 조심스러운 일이 아닙니다. 좋은 뜻으로 도와주려고 한 말들이 오해가 되어 돌아오는 경우를 흔히 볼 수 있습니다.

말이란 오해의 소지가 많고 사고를 일으킬 수 있는 요인이 많기에 부처님께서도 이렇게 세세히 말씀하시지 않으셨나 싶습니다. 충고란 상대를 위하는 자세로, 애정이나 책임의식이 있을 때만이 가능합니다.

자칫 간섭으로 비쳐질 수 있기 때문에 먼저 상대에 대한 충분한 사랑과 배려, 책임감이 있는지 자문해 보아야 합니다. 그리고 나서 위의 다섯 가지 조건에 벗어나지 않게끔 주의를 기울일 때, 고맙고 따뜻한 충고로서 상대에게 전달될 것입니다.

먼저 무슨 말을 해줄 때는 사실에 근거를 두어야 합니다. 소문만 듣고 말을 전하다 보면 전혀 엉뚱한 방향으로 진행되어 상대를 다치게 하고 말한 자신도 우스운 꼴을 당하기 쉽습니다. 심하면 인간관계에 큰 흠집이 생길 수도 있습니다. 따라서 반드시 사실에 근거해서 정론을 펼쳐야 상대도 살고 자신도 실수를 범하는 일이 없을 것입니다.

두 번째, 자비심으로 얘기해야 합니다. 괘씸한 마음을 가지고 윽박 지르거나 잘못을 지적하기 위한 마음으로는 충고라는 것이 성립될 수 없습니다. 이런 경우는 거부감이나 적대심을 불러 일으켜 일을 더욱 그르치게 됩니다. 어디까지나 충고라는 것은 상대방을 위한다는 자비심으로 행해야 합니다.

사람은 누구나 칭찬받기를 좋아하고 욕먹는 것을 꺼려합니다. 그러므로 칭찬은 많은 사람이 있는 데서 공적으로 해주고 충고나 지적은 사적으로 조용히 하는 것이 좋습니다.

세 번째는 부드럽게 말해야 합니다. 같은 내용일지라도 부드럽게 말을 할 때 설득력이 있고 상대의 기분을 상하지 않게 합니다. 예를 들어서 반론을 제기할 때도 상대방의 얘기를 충분히 들어주고 공감 하는 부분은 공감의 뜻을 나타내고 난 뒤에 자기의 의견을 덧붙이는 것이 훨씬 현명한 충고가 될 것입니다. 무턱대고 자기 의견만 개진하다보면 좋은 뜻도 왜곡되기 마련입니다.

사실 언어로써 전달되는 내용은 20%도 되지 않습니다. 표정이나 자세, 평소의 친분관계등 여러 가지 요소들을 감안해서 듣고 이해하기 때문에 언어 외의 자세가 더 중요할 때가 많습니다.

상대를 배려하는 마음자세, 진실로 자기를 위해서 하는 말이라고 느껴질 때는 다소 투박한 말일지라도 충고로써 고맙게 받아들여 집니다.

넷번 째는 시의적절하게 때를 맞추어 말하라는 것이다. 상대가 심신이 편안하고 시간적 여유가 있을 때는 다소 짜증나는 말일지라고 느긋하게 생각하고 수용하지만 피곤하고 바쁠 때는 아무리 지당한 내용일지라도 짜증스럽게 들릴 수 있습니다.

전쟁터에서 총을 쏠 때도 시간을 맞춰야 하고 야구선수가 공을 칠 때도 정확한 타이밍을 맞추어야 하듯이 남에게 충고 할 때도 정확한 시기를 알아야 합니다.

다섯 번째 상대를 위하는 말을 해야 합니다. 자기의 능력이나 위신을 세우기 위한 마음으로 상대에가 말을 해서는 안됩니다. 상대를 굴복시키거나 수치심을 유발시키는 말을 해서는 안됩니다. 어디까지나 그 사람을 위하고 발전되는 방향으로 말이 되어야 충고로서 자격이 주어질 뿐 아니라 상대도 수긍할 것입니다

말의 중요성은 새삼 강조하지 않아도 누구나 인지하고 살아갑니다. 하물며 타인에게 충고를 해서 그 마음을 움직이게 하기 위해서는 그만한 애정과 안목, 자비심을 토대로 부드러운 자세로, 그리고 상대를 위하는 방향으로 이루어져야 합니다.

智霞

1940년 출생
1960년 추담스님을 은사로 득도
1980년 고산스님을 법사로 건당
1984년 조계종 총무부장
2000년 조계종 종회의장
현 인천 법륜사 주지
2007년 봉암사 태고선원에서 수행중

방일하지 말라

입멸入滅에 즈음한 부처님이 슬퍼하는 제자들을 향해 마지막으로 간절하게 타이른 말씀을 〈열반경〉은 이렇게 전하고 있습니다.

"제자들아, 모든 것은 신속하게 변해간다. 게으르지 말고 부지런히 정진하라."

이에 상당하는 말씀은 〈잡아함경〉 4권에도 나옵니다.

"그러므로 비구들이여 방종하지 말라. 내가 깨달음을 얻을 수 있었던 것은 방종하지 않았기 때문이다. 또한 한량없는 선善을 성취한 것도 불방일을 실천했기 때문이다."

부처님이 유훈遺訓을 통해 우리에게 가르친 것은 모든 일은 노력과 정진에 의해 성취된다는 것입니다. 아무리 좋은 의도를 가지고 있더라도 실행에 옮기지 않으면 꿰지 않은 구슬과 같을 수 밖에 없습니다.

하지만 우리가 살아가는 일상日常의 모습은 대체로 이와 반대 되는 경우가 많습니다. 오늘 할일을 적당한 핑계로 미루고 내일이 되면 다시 또 모레로 일을 미루다가 끝내는 아무것도 하지 못하는 예가 숱합니다. 부처님은 이렇게 허송세월을 하는 사람들을 향해 무상無常의 진리를 가르칩니다.

무상이란 흔히 「허무한 것」 그래서 불쌍하고 가련한 것으로 생각하기 쉽지만 사실은 그렇지 않습니다. 무상의 교리는 부지런히 노력해야 한다는 실천론을 전제하고 있기 때문입니다. 세월이 신속하고 변하지 않는 것이 하나도 없기 때문에 오히려 목표를 향한 끊임없는 노력과 정진이 강조되는 것입니다.

여기서 한가지 유념할 것은 그 노력이 무엇을 목표로 하는 것이어야 하는가 하는 점입니다. 똑같은 노력을 기울인다고 하더라도 목표를 잘못 정한다든가 노력의 방법이 잘못되었다면 좋은 결과를 기대할 수 없습니다.

독일의 나치스가 인류사상 유례없는 죄악을 저지르며 몰락해 간것은 목표와 방법론이 처음부터 잘못 된 노력의 결과가 어떠한가를 보여주고 있습니다.

반역을 꾀한 부처님의 제자 데바닷다의 말로는 비극으로 끝났습니다. 개인적 이익과 부귀영화를 위해 국가의 기밀을 팔아넘긴 군무원軍務員들의 탈선은 한탕주의의 가치관과 빗나간 방법론이 개인과 사회에 얼마나 큰 해독을 끼치는 가를 보여준 단적인 사례이기도 합니다.

부처님이 가르치는 올바른 노력은 이같은 이기주의와는 다릅니다. 무엇보다 먼저 올바른 목표가 정해져야 하고 그것을 위한 정당한 노력이 뒤따라야 합니다.

부처님이 제시한 인생의 올바른 목표는 지선至善에 있습니다. 그릇된 인간의 심성을 선善으로 돌리고 어리석음을 지혜로 전환시키며, 허위를 씻어내고 진실의 꽃을 피우고자 합니다.

이를 위한 개개인의 내면을 정화淨化하고 마침내 그 맑고 밝은 빛으로 세계를 정화하는 것입니다. 그리고 이 방법론을 부지런히 실천하라는 것입니다.

부처님의 이같은 실천론은 특별하거나 어려운 것이 아닙니다. 누구는 가능하고 누구는 불가능한 것도 아닙니다.

모두에게 가능하고 모두가 실천해야 할 목표이고 방법론입니다. 다만 방일하지 않고 부지런히 실천하기만 하면 됩니다.

불자가 사는 삶의 표준은 부처님입니다. 부처님이 가르친 진리를 맑게 깨닫고 그 깨달음을 광명이 비추는 길을 따라 살아야 합니다.

치열한 경쟁사회에서 이같은 태도는 현실적으로 손해를 볼지도 모릅니다. 그러나 눈앞의 출세나 이익만이 최후의 것은 아닙니다. 더 멀리보면 손해보는 삶이 더 큰 성취와 보람을 가져온다는 것을 믿어야 합니다. 이 믿음이 우리를 참다운 성공으로 이끌 것입니다.

知學 전 정능 녹야원 주지

쌀밥과 모래밥

원효스님이 〈발심수행장發心修行章〉에서 가르친 말씀입니다. 모래를 가지고 밥을 지을 사람이 어디에 있겠습니까. 같은 쌀을 가지고도 탄 밥 설익은 밥처럼 먹지 못하게 만드는 사람이 많은 현실인데 말입니다.

그러나 세상을 가만히 들여다 보면, 원효스님의 말씀이 전혀 허황된 것이 아니라 생각하면 생각할 수록 그 뜻이 깊고 또한 어리석은 자를 일깨워주는 무서운 말씀이라는 것을 느끼게 됩니다.

다시 말해서 쌀이 아니라 모래를 삶아 밥을 지으려는 사람들이 없는 것이 아니라 매우 많다는 말입니다.

자신의 위치가 어떤지 처지를 생각지 않고 자기의 분수를 알지 못하고, 그 처지와 분수외의 짓을 하는 사람들이 바로 그런 사람들입니다.

우리가 그 많은 종교중에서 불교만을 신앙하는 것은 석가모니 부처님이 좋아서가 아닙니다. 부처님처럼 자신의 본성을 깨우쳐 알아서 참되고 바르게 살고자 하는데 그 목적이 있습니다.

그것이 곧 상구보리上求菩提요, 견성성불인 것입니다

그렇게 목적을 이룬 후에는 그 힘과 능력으로 남과 이웃과 사회를 위하여 나아가 국가와 인류를 위해 무엇인가를 도와 주고 이로운 일을 하는 것이 하화중생下化衆生입니다. 또 그렇게 하는 것이 불교를 믿는 사람의 행동이며 불제자로써 가져야 할 당연한 자세인 것입니다.

부처님은 일찌기 2천 6백여년 전에 그러한 모습을 여실히 보여 주셨으며, 미혹한 중생을 깨달토록 45년간의 세월을 전법에 힘쓰셨던 것입니다.

나의 조그만 명예와 이익을 위하여 남의 등을 치고 헐뜯는 사람, 단체와 사회의 화합을 깨뜨리고 분열을 일삼는 사람, 악법을 정법인 것처럼 선전해 복종을 강요하는 사람 등 이런 사람들이 바로 모래를 쪄서 밥을 지으려는 어리석은 사람들입니다.

왜냐하면 그런 일에는 자신의 수행에, 즉 견성성불이나 이타행利他行에 추호도 이로움이 없고 자신의 선근과 공덕을 덜어 갈 뿐이기 때문입니다. 오히려 그러한 악행이 깊어지면 반드시 고통스런 지옥의 과보를 받게 될 뿐입니다.

모래를 가지고 밥을 짓는 사람은 이외에도 많습니다. 공무원이 공무에는 게을리하며 부정만을 저지르는 사람, 교육자가 교육은 뒷전으로 미루고 돈벌이에 눈이 어두운 사람, 노동자의 이익과 인격을 무시하고 자신의 부와 명예만을 좇는 사용자, 당리 당략만을 일삼는 국민의 손에 뽑힌 정치가 등등의 사람들은 쌀이 아니라 모래로 밥을 지으려는 어리석은 자들입니다.

선은 쌀이고 악은 모래와 같습니다. 사람들은 쌀을 쌀로 보고 밥을 짓기도 하며 모래를 쌀처럼 여겨 밥을 짓기도 합니다.

그 결과는 불을 보는 것처럼 확연하듯이 선과 악은 늘 제 갚음을 받습니다. 자신이 닦은 선악의 과보는 사라지는 것이 아니라 쌀밥처럼 모래밥처럼 남는 것입니다.

선은 쌓을수록 우리의 삶과 사회를 살찌게 하고, 악은 행할수록 사람과 사회를 메마름과 불안과 고통으로 얼룩지게 합니다.

우리는 아무쪼록 모래가 아닌 쌀로 밥을 짓는 선하고 지혜로운 인생을 살아가야 할 것입니다.

智玄

1957년 출생
1971년 보각선원 법종스님을 은사로 득도
1982년 돈암포교원장
1988년 불교 레크레션 포교회 회장
1996년 좋은 벗 풍경소리 총재, 조계종 사회복지재단 이사
2007년 봉화 청량사 주지(현)

바르게 인식하기

부뚜막에 있는 소금도 넣어야 짜다고 하는 말이 있습니다. 아무리 가까이 있는 것일지라도 그것을 이용하지 않으면 소용이 없다는 것이겠지요. 우리나라에 불교가 전래 된지도 1천6백년이 됩니다. 그동안 불교는 우리의 민족사에 지대한 영향을 끼쳐왔습니다. 문화적인 면에서나 의식적인 면에서나 유형 무형으로 커다란 영향을 미쳤지만, 지금 우리들은 이러한 불교를 어떻게 이해하고 있을까요?

명산 고찰에 산재하는 찬란한 문화유적을 통해 피상적으로만 이해하고 있는 것은 아닐지. 대부분의 사람들은 우리 조상

들이 어떠한 신앙과 사상 아래 저다지 훌륭한 문화재가 나올 수 있었는지 이해하려고 조차 하지 않는 형편입니다

오랜 세월속에 불교가 이땅의 전통문화를 이루어 왔다면 그리고 우리가 이땅의 순수한 문화속에서 살고 있다고 한다면 우리는 신앙적인 면이나 사상적인 면에서 보다 먼저 인식적인 면에서 이를 이해 해야 할 것입니다.

불교가 인간의 심성에 바르게 인식될 때 나타나는 효과는 매우 큽니다. 반면에 피상적으로 「불교를 믿는다.」라고만 강조하게 되면 얻어지는 효과는 별로 기대할 것이 못 된다는 실증이 있습니다. 일례로 얼마전에 교도소에 근무하는 한 재가불자가 수인들의 재범율에 대해 조사한 글이 있어 관심있게 읽은 적이 있습니다.

그 글은 크게 종교를 가진 재소자를 나누어 재법율을 살펴본 결과 월등하게 종교를 갖지 않은 재소자의 재범율이 높다는 사실을 밝혀냈습니다.

또 종교별 재소자의 재범율도 아울러 분석 연구했는데 여기에서 놀랄만한 일은 불교를 신행하는 재소자의 재범율이 10%에도 미치지 못한다는 결과입니다. 이것은 다른 종교에 비해서 훨씬 높은 효과를 보이고 있는 것으로 나타났습니다.

더군다나 불교를 갖기 이전과 갖고 난 후의 수감생활도 모범적인 것으로 나타나 불교의 사상이 인간의 심성을 순화하는데 결정적인 기여를 하고 있는 것으로 밝혀졌습니다.

더욱 놀랄 만한 일은 이들이 불교를 단순히 신앙적 형태로 받아들이는 것이 아니라 경전 속에서 밝힌 부처님의 말씀을 자신들의 삶의 지렛대로 혹은 좌우명으로 삼아 인식한다는데 있었습니다.

오늘날 한국불교가 기복祈福의 소리를 듣는 것도 따지고 보면 불교가 제시하는 바른 지혜를 올바로 인식하지 못하고 단순히 신앙적 행위로만 받아들이는 데서 기인한 때문입니다.

부처님께서 〈금강경金剛經〉에 이르기를

"무릇 상相이라는 것을 상相 아닌줄 보면 곧 여래를 보리라."

했습니다. 부처님께서 우리를 위해 제시한 가치있고 유용한 많은 가르침들이 결국 눈앞에서 드러나 있는 현상의 세계에만 집착하는 병폐때문에 제대로 진가를 발휘하지 못하는 것은 매우 안타까운 일입니다.

앞에서 예로 든 재소자의 경우처럼 겸허한 마음으로 부처님의 가르침을 받아들여 가슴 속에 지니고 살다보면 생활 속에서 새로운 가치를 새삼 확인하게 됩니다. 우리는 부처님의 가르침을 좋은 것이라고 막연하게 믿기 보다 또 좋은 점을 이해하고 있다고 자부하기 보다 이를 생활 속에서 실천하는 것이 무엇보다 중요하다는 사실을 보다 분명하게 인식해야 할 것입니다.

智慧 중앙 승가대학 학생극장

자재암에서 성준 스님을 은사로 득도
속초포교당 · 의왕사 반야포교원 원장
동해시 삼화사 주지
동양화 작가

함께 하는 지혜

88서울올림픽이 성공적으로 끝났습니다. 이번 올림픽은 나만 알고 나의 삶만 추구하는 메마르고 거칠어진 우리들에게 모처럼만에 감동의 일체감을 느끼게 했으며, 짜증나는 일상을 잊을 수 있는 총체적인 기쁨을 주었습니다.

따라서 나 이외의 이웃과 사회 · 국가에 무관 했던 사람들에게 다시 한번 나라와 이웃을 느끼게 했으며, 짜증나는 일상을 잊을 수 있는 총체적인 기쁨을 주었습니다.

따라서 나 이외의 이웃과 사회 · 국가에 무관 했던 사람들에게 다시 한번 나라와 이웃을 느끼게 해주었다는 점에서 올림픽은 성공적이라 평가받을만 합니다.

현재의 우리나라는 국민소득 3천불 시대를 맞이하는 선진국 문턱에 있습니다.

선진국에 다다를수록 복잡다난해지고 전문 세분화되는 사회에서 우리는 나외의 것에 신경쓸 겨를이 없습니다. 이러한 현상의 대표적인 예가 핵가족시대입니다. 결혼하기가 무섭게 분가해 독립적인 생활을 이루는 보편적인 삶의 전형적 형태로 자리잡아가고 있습니다.

물론 이러한 현상을 어쩔수 없이 겪게되는 사회 발전단계의 한 모습으로 볼 수도 있습니다. 또 일면 긍정적인 점도 있음을 생각할 수 있습니다.

그러나 우리는 우리 민족만이 지니고 간직해왔던 함께 사는 삶의 기쁨, 이웃과 나누는 기쁨을 잃어가고 있음을 간과해서는 안됩니다. 2대 · 3대가 한집안에 살며 친척 일가들이 이웃에 살아 서로 왕래 하면서 함께 살아간다는 것은 옛날 이야기가 되어 버린 것입니다.

함께 산다는 것은 때로 귀찮고 복잡하고 시간 빼앗김에 짜증스러울 때도 있으나 슬플 때 같이 슬퍼하며 기쁠 때 같이 웃을 수 있고 어려울 때 함께 극복하는 끈끈한 정감이 함께 삶으로써, 나눔으로써 생기는 것임은 자명한 일입니다

그러면 함께 산다는 것은 무엇입니까?

〈불본행집경〉에 나오는 「머리 둘 달린 새」이야기는 많은 것을 시사해줍니다.

하나의 몸뚱이에 머리가 두 개 달린 이 새는 「카루다」와 「우바카루다」라 했습니다.

하루는 우바카루다가 잠든 사이에 카루다가 맛있는 꽃송이를 먹었습니다. 잠에서 깨어난 우바카루다는 혼자만 맛있는 것을 먹었다고 화를 냈습니다.

그러던 어느날 카루다가 잠든 틈을 이용해서 우바카루다는 향기나는 꽃잎을 먹었습니다. 그런데 그 꽃나무는 독있는 나무였기에 죽고 말았습니다.

누가 먹어도 배부르긴 마찬가지임에도 불구하고 먹이 하나로 결국은 둘다 생명을 잃고 말았다는 이 이야기는 현재의 우리에게 많은 것을 시사해 주고 있습니다. 그들이 한 몸임을 자각해 사소한 먹이라도 같이 먹었더라면 죽음이란 있을 수 없으며 더욱 행복하고 오래 살았을 것입니다.

결국 함께 산다는 것은 나누어 가지는 것입니다

이 시대에 이 땅에 함께 산다고 해서 다같은 민족과 이웃이 되는 것은 아닙니다.

즐거움과 괴로움을 함께 나누어 가질 때, 슬픔과 기쁨을 같이 할 때 비로소 같은 민족이 될 수 있고 이웃이 될 수 있는 것입니다.

오늘날 우리들은 이웃과의 문을 열지 않고, 관계를 트지 않고 각자의 울타리에 틀어 앉으려고만 합니다. 머리 둘 달린 새처럼 눈앞의 사소한 이익과 타산에만 급급해 합니다.

이번 올림픽을 계기로 해서 우리는 함께 산다는 존재의 의미를 새롭게 할 필요가 있습니다. 한마디로 해서 국가와 사회 이웃이 없으면 우리 자신의 존재 의미를 생각할 수가 없음을 깨달아야 합니다.

이제는 우리가 수없이 들어왔고 따라 불렀던 것처럼, 손에 손잡고 마음과 마음을 이어야 합니다. 그것만이 함께 사는 길이며 다같이 사는 길입니다.

之洪 전 설악산 신흥사 주지

1951년 출생
1968년 신흥사에서 성준스님을 은사로 득도
1987년 조계종 총무원장 수석비서
1992년 설악산 신흥사 주지
1994년 속초종합사회복지관 관장
낙산사 주지

이웃을 외면한 죄

빠삐용은 앙리샬리에르라는 실존인물의 체험을 토대로 제작한 영화입니다. 영화 진행중 빠삐용이 감옥안에서 꿈을 꾸는 장면이 있습니다. 이를테면 염라대왕 앞에 불려가 재판을 받는 그런 내용입니다.

거기서 빠삐용은 자기는 사람을 죽인 일도 없으며 사나이답게 떳떳이 일생을 살았노라고 항변을 합니다. 그때 염라대왕은 한마디로 잘라 이런 말을 합니다.

"그대는 법은 어기지 않았지만 인생을 낭비한 죄가 있다. 고로 유죄다."

빠삐용이 유죄라는 말을 중얼거리며 사라지는 장면이 퍽 인상적이었습니다. 틀림없이 법에는 없는 죄목인데 유죄라니….

세상에 존재하는 모든 인간은 자기 마음대로 살 권리가 있습니다. 그러나 그것은 이 세상에서나 통할 수 있는 법이론法理論입니다. 인생人生을 놓고 심리하는 저승세계의 재판관은 가차없이 유죄임을 선고합니다.

한눈 팔지 않고 열심히 땀흘려 일했다 해도 간신히 「인생을 낭비한 죄」만은 면할 수 있을는지 몰라도 심술궂은 염라대왕은 그 정도로는 곱게 극락세계로 보내주지 않을 것입니다.

어느 작가는 이런 얘기를 했습니다.

"지난 겨울 이름모를 어느 거리에서 한 걸인이 얼어죽은 것도 우리 모두의 책임이어야 한다."

나는 그 얘기를 듣고 대승적 보살심을 생각해 봤습니다. 분명 우리 모두는 거대한 한 생명의 뿌리에서 파생된 가지이며 잎인 것입니다. 일파만파一波萬波라고 할까요. 육법전서에 나오지 않는 죄는 이루말할 수 없이 많습니다.

이웃이 굶주리고 있을 때 혼자 배불리 먹는 죄, 곤궁에 처한 사람이 도움을 청해 왔을 때 외면한 죄, 무관한 아름다운 여자를 보고 음심을 품은 죄, 친구와 약속을 소홀히 한 죄, 남편을 속이고 아내를 속인 죄, 그런 의미에서 우리는 그대로 지옥행입니다.

거기다가 염라대왕이 조금 더 세련된 인물이라면 들어도 못들은 척 한 죄, 보고도 못본척 한 죄 등을 꼭 첨가할 것입니다. 중생을 기만하고 대중을 우롱하는 소리를 듣고도 못들은 척 한 죄, 부당한 짓을 보고도 못본척, 정의를 도둑질하고 민심을 도둑질해도 못본척 한 죄 등 열거하자면 너무 많습니다.

요즈음 우리 말로 한다면 방조죄 내지는 방관죄에 해당될 것입니다.

이 모두는 법에는 없는 도덕적 양심으로 지켜져야 하는 법 이전의 법입니다. 이웃집에 불이 났을 때 같이 진화작업에 동참하지 않았다 해서 법에 저촉되는 것은 아닙니다. 사람을 죽이고 뺑소니치는 차를 목격하고도 그것을 고발하지 않았다해서 처벌 받지는 않습니다.

그러나 우리 인간의 마음 속에는 법을 뛰어 넘은 도덕이라는 양심적 이성이 자리하고 있습니다.

때문에 우리는 우리의 이웃들이 누가 부당한 대우를 받거나 시대의 가치에 역행하는 움직임이 있을 때 고발하고 항의하기를 요구하는 것입니다. 그것이 곧 희망과 기쁨이 충만한 이상의 세계, 부처님말씀에 의한 정토淨土를 이루고자 하는 염원에서인 것입니다.

소매치기 현장을 보고도, 부녀자 겁탈을 보고도, 더 나아가서는 이웃을 부당하게 억압하고 이유없이 생명을 빼앗아가도 보복이 두려워서 외면하고 방관한다면 그는 진리의 배신자인 것입니다. 법이 처벌하지 않더라도 도덕의 이름으로 비겁자는 용납되지 않을 것입니다.

〈대지도론大智度論〉에

자능여락 비능발고
慈能與樂 悲能拔苦

라는 말씀이 있습니다. 동사섭同事攝으로 같이 즐거워하고 애민으로 고통을 없애준다는 뜻입니다. 불자들의 본원本願이 자비라 한다면 중생들이 아파하는 현장으로 한발짝 더 다가가 눈을 크게 뜨고 귀를 활짝 열어 자비실천에 인색치 말아야 할 것입니다.

至弘

1954년 출생
1971년 광덕스님을 은사로 득도
1991년 금강정사 창건 · 주지
1992년 불교 문화 교육원 설립
1994년 조계종 개혁회의 의원, 동 포교부장
제 11 · 12대 중앙종회 의원, 포교분과 위원장
조계사 주지 · 서울 불광사 회주(현)

1

무엇이 움직이는가

옛날에 한 스승 아래서 배우는 두 제자가 있었습니다. 어느 날 외출한 스승을 기다리던 그들은 버드나무가지가 바람에 심하게 나부끼는 모습을 보았습니다. 그때 한 제자가 말했습니다.

"바람이 부니까 나뭇가지가 움직이고 있군."

이 말에 옆에 있던 제자가 얼른 말했습니다.

"어허, 무슨 소린가. 저건 바람이 움직이고 있는거야."

"이 친구 지금 무슨 소리를 하는거야?, 우길게 따로 있지. 바람이 어떻게 움직인다고 그런 말도 안 되는 소리를 하는 건가?"

그들은 한마디도 지지 않으려고 서로의 말이 옳다고 주장했습니다. 그러다 보니 사소한 말다툼이 격렬한 언쟁으로 번졌습니다. 그때 마침 돌아온 스승이 그 광경을 보았습니다. 그들은 스승에게 자초지종을 설명한 뒤 누구의 말이 옳은지 가르쳐 달라고 했습니다. 그러자 스승이 말했습니다.

"그것은 나뭇가지도 바람도 아니라네, 바람이 움직이든 나뭇가지가 움직이든 그건 그다지 중요하지 않지. 가장 큰 문제는 지금 자네들처럼 서로 자기가 옳다고 주장하는 자네들 마음의 움직임이라네. 그 바람은 자칫하면 다른 사람의 가슴에 상처를 주기 마련이지. 그러니 자네들 마음속 어디에서 바람이 부는지 잘 헤아려 보게."

이 얘기를 읽고, '별일도 아닌데 언쟁을 벌이다니, 정말 할일도 없다.' 할 것입니다. 그런데 이것이 흔히 우리가 사는 모습입니다. 매사에 옳고 그름을 따져 주장하고 또 좋고 싫음으로 분별해 선택하고 다투기까지 해서 상처를 주고 받기도 합니다. 부처님께서 말씀하셨습니다.

"이것이 있음으로 해서 저것이 있고, 또 저것이 있음으로 해서 이것이 있다."

때문에 바람이 움직인다고도 나무가 움직인다고도 할 수 없습니다. 바람이 불었고, 거기에 버드나무가 있었던 것입니다.

삼라만상은 물론 세상사 모든 일이 그렇게 인연들이 모여 일어났다 사라지곤 하는 현상의 반복입니다.

그리고 그것은 꽃이 피고 지고 또 열매를 맺는 것과 같은, 극히 자연스러운 일, 순리順理입니다. 거기엔 문제가 있을 수 없습니다. 그리고 진실, 진리 또한 옳고 그름과 좋고 싫음의 시비분별 이전의, 마음의 움직임이 멈춘 고요한 마음에 비친 있는 그대로의 모습입니다.

그러므로 문제는 어느 한쪽에 치우쳐 집착하는 우리들 마음의 움직임입니다.

잠시도 쉴 새 없이 움직이고 있는 것이 우리들 마음입니다. 변화무쌍한 현상들을 따라 움직이고, 이익과 욕망을 따라 움직이고 또 그동안 살아 온 습성(업)을 따라 움직입니다.

그리고 지금까지 배우고 익혔던 많은 지식과 살면서 겪었던 다양한 경험들 또한 선입견이 되어 마음을 움직이게 합니다. 그 움직임들은 자기중심적이고 편파적일 수밖에 없습니다.

자기에게 좋고 이익이 되면 옳은 것이고, 싫고 손해가 되면 그른 것입니다. 그렇기 때문에 일마다 갈등이고 다툼입니다.

마음의 움직임을 살피고, 다스려야 합니다. 이것이 불자가 닦아야 할 마음공부입니다.

어느 한쪽에 치우쳐 집착해서는 안됩니다. 밤의 휴식이 없으면 낮의 생명활동은 있을 수 없고, 또 무더운 여름 없이는 가을의 결실도 기대할 수 없는 것이 세상의 이치입니다.

옛날에 우산장수 아들과 짚신장수 아들을 둔 노파가 있었습니다. 그 노파는 비 오는 날에는 짚신장수 아들을 걱정하고, 맑게 갠 날에는 우산장수 아들을 걱정해, 매일을 근심으로 살았습니다. 그러던 어느 날 노파는 지나는 행인의 말을 듣게 되었습니다.

그후 맑은 날에는 짚신이 잘 팔려 좋고, 비 오는 날에는 우산장사가 잘되 좋고, 매일 매일이 좋은 날이 되었다 합니다.

모든 것이 마음먹기 달렸습니다. 밝음과 어둠, 긍정과 부정은 동전의 양면과 같은 것입니다. 아무리 절망스러운 상황이라 해도 한 생각 돌리면 거기에 희망이 있기 마련입니다. 마음을 살펴 항상 밝고 긍정적인 방향으로 생각하고, 또 그렇게 살아야 합니다

또한 움직이는 마음, 산만하고 산란한 마음으로는 어떤 일에도 집중 할 수 없습니다. 옛날 얘기입니다. 아주 유명한 장수가 어느 날 말을 타고 길을 가다가 저 멀리에 웅크리고 앉아있는 호랑이를 발견했습니다.

곧바로 화살을 쏘아 명중을 시켰습니다. 그런데 말을 달려가 살펴보니 그것은 호랑이가 아니라 호랑이처럼 생긴 바위였습니다. 그는 바위에 박힌 화살을 보고 놀랐습니다. 말을 돌려 조금 전 화살을 쏘았던 장소로 돌아와 다시 온 힘을 다해 화살을

당겼습니다. 하지만 이번에는 화살이 튕겨나가고 말았습니다. 이미 장수의 마음에 바위는 뚫을 수 없다는 분별심이 작용하고 있었던 것입니다.

움직이는 마음을 다스려야 합니다. 마음의 움직임이 그친, 무심無心하고 고요한 마음이 무엇이든 이루어낼 수 있는 위력威力, 마음의 힘입니다. 마음을 잘 다스린 사람은 다른 이들의 칭찬이나 비난에도 흔들리지 않고, 세상사 크고 작은 일들에도 일희일비一喜一悲하지 않습니다. 단지 자기자리에서 최선을 다할 뿐입니다

올 여름 무척이나 습하고 더웠습니다. 그런데 그 여름날을 어떻게 살았느냐에 따라 이 가을를 맞이하는 심경은 다를 것입니다. '오늘 몇 도지, 습도는 몇 프로고' 이렇게 덥다는 데에만 메이게 되면 더 짜증나고 견디기 힘들어집니다. '여름이니 덥겠지' 그렇게 편하게 받아들이고 자기 할일을 열심히 하는 것이 더위를 극복하는 방법이고, 또 세상을 잘 사는 방법입니다.

물론 쉽지 않은 일입니다. 그러므로 언제 어디서나 마음의 움직임을 살피고 다스리는, 마음공부는 계속되어야 합니다. 그러한 정진속에서 날마다 좋은 날이 열려가는 것입니다.

2

발원은 종자를 심는 것

『처음 내는 마음初發心은 마치 곡식 종자를 밭에 심는 것과 같고, 도道를 행하는 마음은 곡식 종자가 자라는 것과 같고, 퇴전하지 않은 마음은 꽃과 과일이 비로소 성취하는 것과 같고, 일생만 지나면 부처님 지위에 이르는 마음은 꽃과 과일이 유용하게 되는 것과 같다.』

〈문수사리문보리경〉에 있는 말씀입니다.

우리 중생들은 심리적 생리적 욕구는 물론 여러 분야에서 자기를 실현하고자 하는 사회적 욕구와 의욕意慾을 갖고 삽니다. 실제 그것이 우리를 움직이게 하고 또 그것으로 인해 삶은 활기를 엽니다. 그러한 의욕을 좋은 종자로 우리들 삶의 농토에, 또 마음 밭에 심는 것이 발원發願입니다.

어떤 한 사람의 잘못된 욕망이 세상을 전쟁으로 몰아넣기도 합니다. 때문에 지나친 욕심이나 탐욕, 그리고 자기 욕심만 채우려는 배타적익 이기적인 소유욕은 발원이 될 수 없습니다.

자비심으로 서로 배려하고 돕는 가운데 모두 함께 행복과 평화 그리고 성불의 길로 나아가고자 하는 보살의 서원, 보리심菩提心이야말로 우리들의 마음 밭에 심어야할 종자, 발원입니다.

부처님께서는 인생을 고苦라 하셨습니다. 실제 우리가 살면서 느끼는 것도 하루도 편안한 날이 드물다는 것입니다. 설사 그런 날이 있다 해도 3일 가기가 어렵습니다.

화무십일홍花無十一紅이요, 권불십년權不十年이라 했습니다. 무상無常한 것입니다. 우리들 입장이나 상황은 시시때때로 변하기 마련입니다. 더구나 거기엔 예상치 못한 고비들이 도사리고 있습니다. 건강하던 사람이 일순간 사고로 장애인이 되기도 하고, 하루 아침에 사회적 지위를, 부富를 송두리째 잃어버리는 사람도 있습니다. 이때 대부분 사람들은 변화된 상황을 거부합니다. 받아들이고 적응하기 보다는 과거에 집착하는 것입니다.

하지만 그럴수록 더욱더 고통스러워 지는 것이 인생입니다.

이렇게 불안하고 고통스러운 현존現存에서, 또 혼탁하고 혼란한 세상에서 방향을 잃지 않고 올곧게 바른 길로 나아가기 위해서는 뚜렷한 목표의식, 발원이 있어야 합니다. 그리고 그것은 농사에서 종자를 심는 일과 같습니다.

아무리 좋은 종자가 있다 해도 심지 않으면 싹을 틔울 수 없고 또 잘 심었다 해도 가꾸지 않으면 꽃과 열매를 얻을 수 없습니다. 그런데 우리들은 종자를 심기도 전에, 시작도 하기 전부터 두려워합니다.

'과연 내가 이 일을 해낼 수 있을까?'. '내가 깨달음을 이룰 수 있을까?' 등 등 미리서 자기를 규정짓고 도전하지 않습니다. 하지만 발원, 목표를 세우고, 그것들을 향해 도전하고 노력해 가는 것이 우리들 삶입니다.

세상은 끊임없이 변하고 있습니다. 때문에 도전 또한 멈출 수 없는 것입니다. 그런데 도전에는 반드시 실패가 뒤따릅니다. 통계에 의하면 평균 70%는 실패한다고 합니다. 30% 성공하면, 인생 100% 성공한 것입니다.

또한 죽음을 앞둔 사람이 자기 인생을 돌이켜 가장 후회하는 것이, 해서 실패한 일보다 실패가 두려워 해보지 못한 일이라고 합니다. 60대인 사람은 내가 50대만 되어도, 50대는 내가 40대만 되어도…, 하면서 하지 못한 일을 후회합니다. 하지만 그때가 언제든 후회하는 지금은 바로 도전하고 시작할 때입니다.

나이 70에 그림을 시작해 수많으 작품을 남긴 서양의 화가도 있습니다. 하고 싶은 일이 있다면 또 피할 수 없는 일이 앞에 놓여있다면 지금 당장 도전해야 할 것입니다. 그리고 초지일관 집중해야 합니다.

도전과 실패를 두려워해서는 발원, 보리의 종자는 열매를 맺을수 없습니다. '핑ping' 이라는 책이 있습니다. 개구리가 부엉이의 지도로 새로운 세계에 도전해 가는 과정을 담은 책입니다.

가뭄이 들어 다 말라가는 저수지에 살던 개구리가 그것을 떠나 살기 좋은 강을 찾아가는 얘기입니다. 폴짝폴짝 뛰어 이동하는 것이 개구리의 특성입니다. 때문에 개구리에게 그 길은 멀고도 험한 노정입니다. 뛸 수 없는 상황, 갈대밭이나 벼랑…, 그것들 앞에서 두려워하고 좌절하는 개구리에게 부엉이는 할 수 있다고, 해야 한다고 독려督勵합니다.

우거진 갈대밭에서는 걸어야만 앞으로 나아갈 수 있습니다. 개구리는 사력을 다해 걷습니다. 그렇게 개구리는 자기를, 그리고 닥치는 상황들을 극복해 가면서 강, 새로운 세계에 도달합니다.

도전에 성공하기 위해서는 게으름, 나약함 등등 나쁜 습관과 업에 매여 사는 자기를 극복해야 합니다. 자기 극복을 통한 도전, 이것으로 발원, 보리의 종자는 우리들 삶의 농토에, 또 마음 밭에 싹을 틔우고 꽃과 열매를 맺는 것입니다.

벌써 한해가 저물어 갑니다. 모두들 한해를 시작하면서 수행에서나, 일상에서나 크고 작은 발원, 목표를 세웠을 것입니다. 그리고 지금은 그 발원이 얼마나 성숙되었는지를 중간점검해 볼 때입니다.

더불어 쉬지 않는 기도수행, 끊임없는 도전과 노력…, 이 같은 불퇴전不退轉의 정진精進으로 보리의 서원이, 일상의 목표가 우리들 인생에서 튼튼하게 뿌리를 내리고 잘 자랄 수 있도록 가꾸어가야 할 것입니다.

眞觀 서울 津寬寺 주지

1934년 출생
1949년 월정사에서 인홍스님을 은사로 득도
1982~92년 조계종 중앙종회 제8~10대 의원
1985~2006년 조계종 전국 비구니회 수석부회장
1963~2007년 진관사 주지

원망으로 갚지말라

최근의 일입니다. 우리 절에 와서 나와 이런 저런 이야기를 나누던 한 보살이 TV를 보아야 한다며 자리를 뜨려했습니다.

"무슨 프로그램이기에 그토록 열심히 챙기느냐."

고 물었더니 주말연속극이라며 묻지도 않는 드라마 내용을 들려 주었습니다.

주인공인 젊은 남녀는 결혼을 해서, 배신당한 여자가 사랑의 아픔에 울다가 복수를 한다는 이야기였습니다. 마치 재방송 하듯 드라마의 줄거리를 들려준 그 신도는 여주인공이 복수를 하면서도 통쾌함을 느끼기 보다 울적해하고 가슴 저려하는 것은 인간의 선善한 본심 때문일거라고 코멘트를 했습니다.

또 남자주인공의 경우 당연한 인과응보이므로 그정도의 댓가는 감수해야 한다더니 여주인공을 향해서는 지난날의 사랑을 생각해서라도 어쩜 그렇게 비정할수 있느냐며 「원망을 원망으로 갚는 것은 바람직한 삶이 아니다.」고 평했습니다.

관심도 없는 드라마속의 중생놀음 이야기를 건성건성 들어넘기던 나는 그 보살이 부처님 가르침을 새기면서 드라마를 감상할 수 있는 안목을 지녔다는것이 내심 기뻤습니다. 일상생활속에서 불교신자다운 자세를 보여주고 있구나 싶어 누군가에게 자랑하고 싶기도 했습니다.

부처님께서는 〈잡아함경〉에서

"남을 원망하지 말라.
남이 나를 원망하더라도 원망으로 갚지 말라."

고 간곡하게 일러주셨습니다. 업業과 윤회설을 들추지 않더라도 이 말씀은 우리의 일상日常속에서 실천되어져야할 금언金言입니다.

관계속에서 살아가는 우리 범부들은 대부분 누가 나를 욕하거나 해롭게하면 받은 만큼 아니면 그 이상으로 갚아 주려는 속성으로 삶을 영위하고 있습니다.

부처님께서는 바로 이러한 속성을 경계하신 것입니다. 서로 미워하고 질시하는 삶이 지속될 때 그것은 관계의 악순환입니다. 왜냐하면 원망과 미움의 응어리가 사랑과 이해로 해소되지 않을 때 그 응어리는 주고받는 가운데 눈덩이 처럼 불어나 결국 불행을 자초하기 때문입니다.

그런줄 뻔히 알면서도 손해본 만큼, 상처입은 만큼 되돌려 주려는 범부들의 마음을 일찌기 헤아리신 부처님께서는 원망을 원망으로 갚지 않고 지혜롭게 살수 있는 길을〈금강경〉에서 구체적으로 일러주고 계십니다.

"<금강경>을 수지 독송하는 중에 누군가로부터 업신여김을 받는다면 그 사람은 전생의 죄업으로 악도에 떨어질 것인데, 업신여김을 받음으로써 그 죄업을 소멸하고 깨달음을 얻을 것이니라."

이 말씀은 누군가로 부터 업신여김을 받더라도 상대방을 미워하거나 원망할 것이 아니라 내 죄를 소멸시켜주고 깨달음으로 이끌어 주는 고마운 은인으로 생각하라는 가르침입니다. 물론 쉬운일이 아닙니다.

어떻게 나를 경멸하는 사람에게 감사할 수 있을 까요. 원수를 사랑하는것이 아니라 원수를 은인으로 섬길수 있을 때 전생의 모든 죄업을 소멸하고 깨달음을 얻는 영험을 체험할 수 있다는 그 뜻은 바로 너와 나의 관계 개선의 중요성을 강조하는 법문입니다. 경멸을 경멸로써 갚는 것이 아니라 자신을 되돌아보는 계기로 삼고, 그러한 기회를 만들어준 상대방에게 감사와 이해의 눈길을 보낼 때 우리의 삶의 현장에는 늘 화합과 사랑의 꽃이 필 것입니다.

때문에 원망을 원망으로 갚지 않는 삶은 곧 밝은 사회, 행복한 삶으로 가는 지름길입니다.

眞旭 부천 역곡포교당 주지

평등의 가르침

요즈음 우리 주변은 「민주화」라는 말로 가득합니다. 정치인, 기업인, 지식인은 말할 것도 없고 이제까지 반민주反民主의 상징처럼 생각되던 사람들 조차도 민주화가 아니면 할 말이 없을 정도입니다. 이러한 속에서 진정 민주화가 필요해서 민주화를 부르짖는 사람들의 목소리가 점점 희석되어져 가는 느낌을 받곤 합니다.

과연 민주화란 누구를 위한 것이며, 또 무엇 때문에 필요한 것입니까? 새삼스레 말할 필요도 없이 기득권층의 억압과 핍박, 착취에서 소외당하고 억눌리고 고통받아온 민중들이 권리와 인간존엄성을 회복하고 모든 속박으로부터 자유와 해방을 되찾자는 것입니다. 이러한 민주화의 최초의 선구자는 바로 석가모니 부처님입니다.

부처님 당시 인도사회에는 엄격한 사성四姓의 신분계급제도가 있어 모든 사람들이 숙명적으로 이를 지켜오고 있었습니다.

부처님께서는 이에대해 '모든 인간은 평등하고 존귀하다.' 라는 가르침으로 신분계급 제도를 철저히 부정했습니다. 이에 대해 기존 사회의 질서와 가치관에 젖어있던 브라만 계급과 크샤트리아 계급에서는 크게 반발하고 나선 것은 당연했습니다.

그러나 그들은 논리적으로나 도덕적으로는 부처님의 주장을 당할수 없었습니다. 때로는 브라만, 크샤트리아, 바이샤, 수드라 계급을 가릴 것 없이 많은 사람들이 불법에 귀의해 왔습니다.

한번은 마투라 국왕이 부처님 제자 가전연에게 이렇게 물었습니다. "존자여, 존자는 본래 브라만 집안 출신이고 고타마는 브라만 계급보다 한계급 낮은 크샤트리아 출신이라고 들었오. 그렇다면 왜 낮은 계급의 고타마에게 훌륭한 브라만 출신인 존자가 귀의를 하여 제자가 되었오. 그것은 굴욕이 아닌지요?"

"왕이시여, 저는 굴욕이라기 보다는 오히려 부처이신 고타마의 제자가 된 것을 큰 자랑이요 영광으로 여깁니다."

"그것 참 이상한 일이요. 범천梵天의 후손이 어찌 크샤트리아 출신의 제자가 될 수 있단 말이오. 이해가 되지 않소."

교만과 고집으로 가득찬 왕으로써는 결코 이해 할 수 없는 일이었습니다. 가전연은 왕에게 이렇게 일러주었습니다.

"왕이시여, 브라만이니, 크샤트리아니 하는 것은 다만 이 사회에 있어서 직업적인 분류일 뿐이지 그것이 절대적인 계급이 될 수는 없다는 것이 부처님 사상입니다. 즉 어느 계급의 출신이든 똑 같은 사람임에는 틀림이 없으므로 그 출신에 따라 차별을 해서는 안된다는 것입니다. 사람의 가진 재물로 귀천을 구분할 수는 없습니다. 계급으로 우수한 사람, 열등한 사람이라고 구별할 수는 없는 것입니다. 부처님께서는 '사람이 훌륭하고 천하고는 그 출신에 달린 것이 아니고 어떤 행위를 하느냐에 따라 귀하게도 되고 천하게도 된다.' 고 가르치십니다."

이 말에 왕은 감동하여 불법에 귀의를 하게 되었습니다.

부처님께서는 인간만이 평등한 것이 아니라 뭇 생명이 다 똑같다 하여 아무리 하찮은 미물일지라도 함부로 그 생명을 해치지 못하게 가르치셨습니다. 하물며 사람이야 더 말할 나위가 있겠습니까.

진정한 민주화의 의미란 무엇입니까? 모든 속박과 질곡으로부터 자유로와 지고 평등해 지는 것입니다. 부처님께서 말씀하신 인간의 평등과 생명의 존엄성을 다시금 생각해 보아야 할 것입니다.

吞虛

1913~1983
1934년 오대산 상원사에서 한암스님을 은사로 득도
43세에 월정사 조실로 추대
1964~71년 동국대 대학선원장과 조계종 역경 연수원장
1972~83년 화엄학 연구소 소장. 신화엄경합론 전 47권을 비롯한 많은 저서를 남김.
1983년 월정사 방장굴에서 입적

게으른 마음 내지 말라

부처님 말씀에 중생은 모두 성불할 가능성이 있다고 하셨습니다. 그것은 중생 모두가 불성을 본래 갖추고 있기 때문입니다. '일체중생一切衆生'이란 곧 그러한 소식입니다.

또한 중생심은 다 본래부터 청정한 것이라고 말씀하시었습니다. 중생의 본래 마음이 불성의 자리에 있다면 그 불성이 청정치 않을 수 없는 것입니다.

중생이 이와 같이 평등하게 성불과 해탈의 가능성을 소유하고 있지만, 가능성 그대로만으로는 부처라고 할 수 없습니다. 여기에는 그 가능성을 실현하는 문제가 있습니다.

본래 청정한 그 자리를 청정한 그대로 나타내자면 또, 그 청정성이 뚜렷이 드러나기 까지는 오랜 시간과 많은 노력이 필요한 것입니다.

흔히 우리의 마음을 거울에 비유합니다. 거울은 본래 밝고 깨끗합니다. 밝고 깨끗하기에 모든 것을 있는 그대로 비추고 있습니다. 이것이 거울의 본질입니다.

우리의 마음도 이 거울 같아서 본래 깨끗하고 밝으며 그리하여 우주의 일체가 여기 그대로 비춰지는 것입니다. 혹자는 육조혜능스님의 말씀을 빌어, 본래 거울도 없는데 때가 낄 마음이 어디 있느냐고 할 것입니다.

그러나 이것은 본래 청정한 마음자리를 두고 한 말로써 청정한 그 마음자리를 볼 수 있는 경지가 아니고서는 어려운 이야기입니다.

육조스님 역시 오랫동안 피나는 용맹정진이 있은 뒤에야 그러한 자리를 보게된 것 입니다. 그러므로 업장이 두텁고 근기가 얕은 우리 중생은 마음에 낀 때를 벗어버려야 합니다. 물론 우리도 그것만 벗고 보면 거울도 때도 없는 경지를 터득하게 될 것입니다.

이 마음의 때를 벗기고 씻어내는 일을 수행이라 하고 공부라 합니다. 수행이나 공부를 게을리하지 않고 항상 용맹스럽게 나아가는 것이 곧 정진입니다. 이를 불교에서는 성불하려고 노력하는 보살의 수행이라고 말합니다.

그러므로 성불을 하기 위해서는 마음을 닦는데 용맹스럽게 정진해야 하고, 해탈을 이루는 데는 불퇴전의 힘으로 마음의 때를 씻어 내야 합니다.

〈기신론〉에 보면 수행하는데는 인욕이 제일이라고 하였습니다. 인욕은 모든 장애를 참고 견디는 힘입니다. 인욕이 없이는 정진을 계속할 수 없고 또 목적하는 성불은 요원하기만 한 것입니다. 그래서 수행의 인문忍門에서는 이쇠훼예利衰毁譽 등의 여덟가지 바람에 동요하지 말아야 하며 겁내는 마음, 연약한 마음을 내지 말아야 한다고 하였습니다.

그러므로 수행하는 사람은 겁약심을 내거나 조바심을 내거나 나태심을 내거나 게으른 마음을 내서는 안됩니다. 또한 산란한 마음으로 번거로움에 사로 잡혀서도 안됩니다. 이러한 굳센 정진이 계속될 때 우리가 목적하는 해탈의 길이 트일 것입니다.

머무름이 없는 정진으로 본래 청정한 불성을 찾아 원만한 인생을 사는 것이 불교의 참다운 면목입니다.

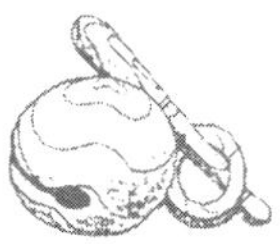

泰觀

1945년 출생
1963년 마곡사에서 진경스님을 은사로 득도
1978년 조계종 사회국장 · 조계사 · 고란사 · 마곡사 · 관측사 주지
현재 연기군 비암사 주지

佛法과 不法

산과 산을 품으로 끼고 도는 계곡과 그를 따라 흐르는 물줄기에서도 그 나름대로의 법이 있습니다. 또한 인간의 역사가 시작되면서 주조된 모든 형상과 인간이 존재함으로써 비롯된 사회 · 문하 · 예술 · 종교에도 법은 존재합니다.

전자를 일러 자연법이라 할 수 있다면 후자를 일컬어 인위법人爲法이라 할 수 있습니다. 이를테면 자연법은 고래로 자연히 만고불변의 규칙 그대로 오늘에도 변함없이 보여주고 있는 일정한 법칙이라면 인위법은 인간생활의 편의를 도모하기 위해 짜여진 적용법입니다.

때문에 강제성이 노출되기도 하고 상대에 의해 제약을 받기도 하며 때에 따라서는 수정될 수도 있는 것입니다

이 세상을 살아가는 우리는 특히 부처님의 가르침대로 살아가는 우리 불자는 많은 법 가운데서도 불법佛法을 호지하며 살고 있습니다.

그렇다면 불법은 우리 불자에게 어떤 의미를 갖는 것일까요.

〈반야경般若經〉에 이런 말이 나옵니다.

"온갖 현상一切法이 다 불법이다."

온갖 현상이란 삼라만상과 정신적인 모든 것을 포함해 이르는 말입니다. 원래 현상들은 불완전하고 영원성이 없으므로 부처님의 가르침佛法인 영구불변의 진리와는 정반대라는 것이 상식입니다. 그리고 이것은 불교가 출현하면서 내세웠던 가치평가이기도 합니다.

그러나 영구불변의 진리 즉 절대의 세계를 현상의 모습인 상대의 세계에 설정한다면 그 절대가 도리어 상대가 될 경우가 있습니다. 「상대를 초월한 곳」이라 하여 상대의 상대가 되고 말기 때문입니다.

이런 연유에서 불법은 상대를 통한 구분적 개념이 아니라 자연과 인간, 피彼와 아我, 상대와 절대를 두루 섭렵해 존재하는 법입니다.

그러나 불법은 탐미적 관념적 인식에 의해 만들어진 것이 아

닌 철저한 논리적 근거에 의해 체계화된 것입니다.

그리고 무엇보다도 인식에 따른 실천을 우선으로 하는 행위법입니다. 따라서 불자라면 누구나 자신의 근기에 맞춰 불법을 호지하고 실행해야 되겠습니다.

언젠가 불법홍포에 한몫을 하고 있다고 자부하는 신도 한분이 찾아 오셨습니다.

이것저것 대화를 나누던 중 전법사를 자처하는 그 신도는 불행히도 12연기법이니 십선법十善法, 팔정도 6바라밀등을 잘 알지 못하고 있음을 눈치챌 수 있었습니다. 오히려 〈화엄경〉과 〈금강경〉을 탐독하고 있다는 사실이 믿기지 않을 정도였습니다.

종교의 생명력은 법에 있습니다. 우주의 근원과 우주조화의 주체인 마음의 문제, 또 구고구난해 보살에 이르는 길등을 제시해 밝히고 있는 불교는 이런 점에서 법의 중요성이 강조되고 있습니다.

불자들이 불법을 바르게 인식하고 지키며 실천할 때 불교의 생명력은 더욱 활대될 것입니다. 이렇게 될 때 모든 자연법과 인위법이 불법안에 넉넉히 포섭되는 것이며, 불법은 모든 법위에 우뚝 설 수 있습니다.

"국법國法이 버리는 자라도 불법佛法은 그를 넉넉히 포용한다."

부처님이 불법을 널리 펼치고 있을 때 이 한마디 말로 사회에서 매도 당하던 살인귀, 창녀들을 모두 받아들임으로써 불교는 현대에 이르면서 까지 감동적인 교법단체로 알려지고 있는 것입니다.

세상이 갈수록 자제력을 상실해 가며 혼탁해가는 현시점에서 우리는 불법을 지키는 「금강역사」의 정신으로 살아야 하겠습니다

"불법佛法 아닌 것은 모두 불법不法이다."
는 어느 노스님의 말씀이 떠오릅니다.

太元

1947년 출생
1966년 해인사 지관스님을 은사로 득도
일본 교토불교대 문학박사
중앙승가대 불교학과 교수(현재)
도서관장 · 보국사 주지

염불과 왕생극락

사람들은 누구나 어떤 형태로든 괴로움을 안고 있으며 또한 스스로의 힘으로는 원하는 바를 충족하지 못하다보니 나보다 더 힘이 나은 어떤 이에게 의지함으로서 내 괴로움을 해소하고 원하는 바를 얻고자 하는데서 종교가 발생됐다고 생각합니다.

특히 피할 수 없는 것이 죽음입니다. 이 세상에 태어난 사람 중에 죽지 않은 사람이 있습니까? 이 세상에 태어난 사람이라면 누구나 늙고 병들고 죽기 때문에 이 세상에서 과연 진정한 행복이라는 것이 있겠는가 라는 의문이 들기 마련입니다.

이 세상에서 진정한 행복이란 없다고 봅니다. 행복을 느끼는 것은 순간적이고, 일시적이며 어느 기간이 지나면 그 행복이라는 것이 조금씩 없어지고 불안해집니다. 그렇다고 한다면 완전하고 변함없는 행복, 그런 것이 있는 세계를 만들어 보고자 하는 그런 원을 세워 볼만도 합니다. 불자라면 그런 큰 원을 세울 수 있어야 합니다.

그럼 괴로움이 왜 생기는가를 가만히 생각해 봅시다. 객관의 대상을 바라볼때 그 객관의 대상이 내 정신에 작용을 해서 욕망을 일으키게 돼 있습니다. 내 정신이 객관의 대상을 보고 욕망을 일으키는 것은 내 마음 속에 번뇌와 무명이 있기 때문입니다. 그렇기 때문에 부작용이 생기는 것입니다. 객관의 대상을 보고 내 마음에 욕망과 번뇌가 생기지 않는 세상을 만들면 행복한 세계가 되지 않겠습니까. 그래서 그런 세계를 건설하겠다고 일찍이 마음을 내신 분이 법장이라는 비구 수행자셨습니다.

이 법장 비구가 수행을 하면서 완전하고 결함이 없는 세계를 만들고 싶다는 원을 세우고 세자재왕불世自在王佛을 찾아가 완전무결한 세계에 대해 알려달라고 청하셨습니다.

세자제왕부처님이 신통력으로 법장 비구에게 시방세계의 모든 불국토를 보여주었고 법장 비구가 각 불국토의 장점만을 모아 5겁 동안을 구상한 끝에 만든 세계가 바로 극락세계입니다.

극락세계란 앞서 말한 늙고 병들고 죽는 것이 해결된 세계입니다. 이 극락세계의 주인은 법장 비구였던 아미타불이십니다.

이 세계의 사람들은 누구나 무량수, 한량없는 삶을 살 수 있습니다.

극락을 범어로는 '수카바티Sukhavati' 라고 합니다. 이 '수카'를 한문으로 번역하면 묘하는 뜻입니다. 드물고 그 작용이 미묘했을 때 묘하다고 하는데 극락세계는 지구상에서 누리고 있는 행복 이상의 묘한 즐거움을 주는 세계라는 뜻입니다.

그래서 그것을 극락이라 번역한 것입니다. 즐거움은 즐거움이지만 이 세상에서 누리는 즐거움과는 달리 더 수승하고 상상을 초월한 즐거움이라는 것이지요. 그래서 묘한 즐거움이 넘치는 세계가 극락입니다. 그 세계에는 고苦가 없습니다. 고가 생기는 원인은 깨끗하지 못하기 때문입니다. 내가 보는 객관의 대상이 깨끗하지 못하고 내 자신도 깨끗하지 못할 때 고통이 생깁니다.

그런데 극락세계에는 객관의 대상, 정토사상에서는 이를 장엄이라고 하는데 이 장엄의 종류가 29가지인데 이 장엄의 본질이 청정입니다.

극락세계는 본질이 청정하기 때문에 내 마음에 조금 번뇌나 오염이 있더라도 극락에 가면 내 마음이 깨끗해지는 것입니다. 천도라는 것은 바로 이 극락세계에 가도록 하는 것입니다.

천도란 무엇입니까. 여러분, 자신을 가만히 돌아보세요. 육체는 107원소로 구성돼 있습니다. 하지만 이 육체를 여러분이라 할 수는 없습니다. 눈으로 보고, 귀로 소리를 듣는다고는 하지만 이것은 육체가 하는 것이 아닙니다. 마음이 하는 것입니다. 나라고 하는 것은 107원소의 물질과 정신인 마음이 합쳐져 나라고 하는 것입니다. 그러나 이 나가 영원히 존재하질 못합니다. 잘 살아야 90살이고 100수하면 잘 사는 것이겠지요.

육체라고 하는 원소는 숨이 멈추는 순간부터 분해가 됩니다. 그런데 분해가 않되는 것이 하나 있습니다. 정신, 곧 마음입니다. 마음은 무형무색이라 형상이 없고 빛깔이 없는 것입니다. 마음이라는 것은 여러분이 이 세상에 태어나기 전에 이미 존재했고 죽은 이후에도 존재하는 것입니다. 그러면 이 마음이 어디로 갑니까. 시왕명부에 가서 다음에 갈 목적지를 정해야 하는데 이 세계에 집착이 많은 사람은 다음 갈 곳을 정하지 못하고 의지할 곳 없이 다시 이 세계를 떠돌게 됩니다. 그것을 무주고혼이라고 합니다. 우리가 천도하는 것은 바로 이런 무주고혼입니다.

여러분이 천도재를 입제하는 것은 이 무주고혼을 천도하는 것이니 참으로 좋은 복을 짓는 일입니다. 조상을 천도하는 것은 지극한 효심의 발로입니다. 짐승들은 어미가 새끼를 사랑할 줄은 알지만 새끼가 어미를 봉양할 줄은 모릅니다. 인간만이 이성이 있기 때문에 부모에게 효를 행하고 특히 불자들은 부모를 천도하는 것입니다.

그럼 천도를 어떻게 할 것인가라는 방법론의 문제가 있습니다. 무엇보다도 지극지심으로 염불을 해야 합니다. 천도에는 여러 가지 방법이 있지만 가장 좋은 방법이 염불입니다.

염불이라는 것은 스스로 마음속에 부처님을 간직하는 것입니다. 염불은 생각할 염念자에 부처 불佛자입니다. '염'은 범어로 스므르트smrti라고 하는데 이를 한문으로 번역하면 '작의作意'입니다. 생각을 자꾸 지어간다는 뜻입니다. 그러니 입으로는 '지장보살'을 외며 생각은 밥에만 가 있다면 그것은 염불이 아니고 '밥불'입니다.

그러나 내 자신이 업이 많은 중생이기 때문에 이럴 수도 있습니다. 그래서 자꾸 생각을 지으라는 것입니다. 지장보살에게 내 마음을 갖다 자꾸 엮어 놓으라는 뜻입니다.

염불에도 두 종류가 있는데 하나가 명호를 부르는 칭명염불입니다. 제가 해보니까 제일 좋은 것은 지장보살을 부르는 소리를 내 귀에 들으며 마음속으로 음미하는 것입니다. 그래야 잡념이 없습니다.

칭명염불에는 다시 세 가지가 있는데 소리를 높여 외치는 고성염불, 소리를 작게 하는 저성염불, 그리고 입술만 움직이며 아주 작은 소리를 내는 금강염불입니다.

칭명염불과는 달리 묵념염불이 있습니다. 여기에 또 세 가지가 있는데 하나가 지장보살님의 상호를 눈으로 바라보며 눈 속에 쏙 집어넣으며 염불하는 관상염불로 이때는 볼 관觀자에 형상 상像자를 씁니다. 둘째는 관상염불, 볼 관觀자에 서로 상相자를 쓰는 염불입니다. 32종호의 복덕과 지혜를 갖추고 있는 부처님의 상호를 마음속에 그리는 것이 관상염불입니다.

마지막은 실상염불로 열매 실實자에 서로 상相자를 쓰는데 이것은 제가 해보니 좀 어렵습니다. 실상염불이란 실상을 관하는, 실상을 염하는 것입니다. 그러면 실상은 무엇인가요. 우리 본래의 마음자리는 형색이 없고 본래 청정합니다. 그런 자리를 관하는 것이 실상염불이니 좀 어렵습니다. 잡념도 자꾸 오지요. 그래서 인도의 용수보살은 순서를 밟아가며 염불을 하라고 하셨습니다.

칭명염부를 하고 공덕을 관하는 법상염불을 하고 그 다음에 실상염불을 하라고 했습니다. 여러분도 칭명염불, 관상염불을 열심히 한 후에 실상염불을 하는 것이 좋습니다. 그렇게 1029일간 열심히 하신다면 조상님들 모두가 천도되실 것입니다.

〈정토삼부경 관무량수경〉을 보면 염불하는 중생은 한 사람도 빠짐없이 구원하겠다는 아미타부처님의 원력이 나옵니다. 그러한 부처님의 가피를 얻는다면 기필코 극락에 왕생할 것입니다.

太定 전 남양주 불암사 주지

1928년 출생
1949년 선암사 명허 스님을 은사로 득도
1973년 불암사 주지
1987년 조계종 총무원 재정 · 포교부장
조계종 중앙종회 의원

불자의 길

"제자들아 법을 등불삼아 자신의 등불을 밝혀라. 마음 내키는 대로 이끌려 가지말고 마음의 주인이 되어라. 인간을 부처님으로 만들기도 하고 또 짐승이나 길을 잘못들어 지옥에도 떨어지고 바르게 깨달아 부처가 되게 하는 것은 모두가 마음이 시키는 짓이다.

제자들아 너희들은 이 가르침 아래 서로 존경하고 화해함으로써 결코 분쟁하는 일이 없도록 하여라. 물과 우유가 섞이듯이 화합하고 물과 기름이 겉돌듯이 서로 갈리어 떠밀거나 배반해서는 절대로 아니된다.

나의 가르침을 함께 지키고 배우며 수행하고 서로를 격려해서 진리의 즐거움을 함께 누리도록 하여라. 값어치 없는 일에 마음을 쓰지말고 쓸데 없는 일로 시간을 낭비하지 말며 제때에 꽃피듯이 깨달음을 얻어서 바른길 곧 도의 값진 열매를 따도록 하여라.

이 가르침대로 실행하지 않는 사람은 나를 만났으면서도 만나지 않은 것이 되고 나와 함께 있으면서도 내게서 멀리 떨어져 있는것이 된다. 반면에 이 가르침대로 실행하는 사람은 설령 내게서 멀리 떨어져 있다 하더라도 사실은 나와 함께 있는 것이다. 또한 무상의 진리를 느끼며 인간세계의 참모습을 바로 보고 그 진실에 눈뜨지 않으면 아니된다.

나의 육체를 보는 것이 나를 보는 것이 아니라 나의 가르침을 행하여 깨닫는 사람만이 나를 보는 것이다.

내가 죽은 뒤부터는 내가 설법하여 남겨놓은 진리의 법도가 너희들의 스승이다. 이 진리의 법도는 영원한 것이다. 잘지켜 보전하라. 이제 나에게 숨겨진 비밀은 없다. 안에도 밖에도 없다."

이것은 부처님께서 〈열반경〉에서 임종직전에 제자들에게 한 마지막 설법 중 일부입니다.

오늘날 부처님 제자가 스승(부처님)의 가르침을 소홀히 하고 있지나 않는지 짚고 넘어 가야 하지 않을까 합니다. 급변하고 있는 사회 속에서 우리 불자들은 진정 책임을 다하고 있는지 아니면 형식적인 면에만 치우쳐서 부처님의 뜻을 버리지 않고 있는지 또는 불교발전을 방해하는 내외의 모든 장애 요소를 파악하고 마구니의 홀림에 따라가고 있지 않는지, 진정 부처님뜻(가르침)대로 존경하고 화합하고 서로를 격려하고 배반하여 불신풍조를 조장하는 일은 없는지 살펴볼 일입니다.

요즘 사회는 불신풍조가 만연되고 있습니다.

정치인은 정치인 끼리, 위정자가 국민을, 자식이 부모를, 남편이 아내를, 친구가 친구를, 종교인이 법을 지키지 않고 서로 헐뜯고 속이고 속인다고들 야단입니다.

학생은 스승의 말씀도 멀리하고 최루탄 세례만 받는데 열중입니다. 최근에는 아무런 원한이나 까닭없이 무조건 남의 집에 불을 지르는 지옥의 악마같은 무리들도 생겼습니다.

정말 소름끼치는 무서운 일입니다. 그래서 사람들은 세상이 각박해지고 큰일 났다고들 야단들입니다. 왜 이럴까요. 가슴이 답답할 뿐입니다.

왜 모두가 자기 자각을 먼저 하지 않는지 모르겠습니다. 잘 살고 있기 때문일까요? 내가 먼저 친절을 베풀고 양보를 한다면 극한 투쟁은 없을 것입니다.

형님 먼저 아우 먼저 한다면 얼마나 좋을까요. 진정 남을 헐

뜨는 것은 즐거움일 수 없습니다. 내가 먼저 자비를 베풀고 친절을 행해야 세상이 화목해 집니다.

부처님의 가르침대로만 따르다면 극락정토가 곧 이루어질 것을 왜들 극과 극으로만 치닫고 있는지 모르겠습니다.

이럴 때 일수록 우리 불자들은 불신풍조를 일축하고 화합해서 세상을 정토로 만드는데 앞장서야 하겠습니다.

일체중생을 구제하는데 일로 매진하고 정진하는 큰 발심이 다시 필요할 때입니다. 그것이 부끄럽지 않은 불자가 되는 길입니다.

모기도 모기피는 빨아 먹지 않는다고 합니다. 하물며 사람인 우리 부처님 제자들이 어찌 부처님의 뜻을 저버릴 수 있겠습니까.

學能 전 白羊寺 주지역임

1939년 출생
1950년 백양사에서 서옹스님을 은사로 득도
1976년 조계종종정 사서실장
제4 · 5 · 6 · 7 · 8 · 9 · 10대 중앙종회 회원
1977년 새마음본부 사무총장
1980년 백양사 주지
1985년 백양사 승가대학장

돈버는 법 돈쓰는 법

'가난이 앞문으로 들어오면 행복은 창문으로 도망간다.'는 서양의 속담이 있습니다. 경제가 우리 생활에 얼마나 중요한 것인가를 강조하는 말입니다.

재화의 축적이 「행복한 삶을 위한 조건」이라 할 때 그것의 성취를 위해 우리는 열심히 일하고 저축해야 합니다.

일반적으로 불교는 세속적 경제에 대해 초연한 듯한 가르침으로 알려져 있지만 사실은 그렇지 않습니다. 오히려 부처님은 재가신자가 재화를 얻기 위해 부지런히 일하고 저축할 것을 강조하고 있습니다.

보시할 최대의 공덕이라 한다면 보시는 재화에 의해 이루어지는 것이고, 재화는 열심히 일하고 근검절약함으로써 축적되기 때문입니다. 〈중아함경〉에는

"자기도 남도 괴롭히지 않고 정당한 방법에 의해 재산을 축적하고 증식해야 한다."

는 가르침이 있고 「부지런히 일할 것」과 「소비를 절제할 것」등이 강조되고 있습니다.

그러나 부처님은 단순히 재화의 축적만을 강조한 것이 아니라 재화가 어떻게 쓰여져야 하는가 하는 재화의 가치에 대한 설명도 하고 있습니다. 부처님은 재화는 그 자체로는 가치를 갖는 것이 아니며 남에게 시여(施與=베푸는 것)를 실천함으로써 가치가 창출된다고 가르치고 있습니다.

돈을 번다는 것은 쓰기 위한 것입니다. 때문에 어떻게 버느냐 못지않게 어떻게 쓰느냐도 중요합니다. 반드시 써야 할 곳, 남을 위해 쓰는돈은 천원을 써도 만원의 가치가 생깁니다.

그러나 쓰지 안아야 할 곳, 예를 들면 부정不正에 쓴다든가 낭비를 한다든가 나쁜 곳에 쓴다면 만원을 써도 십원의 가치밖에 갖지 못합니다.

절약도 마찬가지입니다. 흔히 절약이라면 무조건 돈을 쓰지

않는 것이라고 생각하기 쉽지만 사실은 그렇지 않습니다.

써야 할 돈은 쓰고 낭비를 줄이는 것이 절약의 참뜻입니다. 사지육신이 멀쩡한 가정주부가 일하기 싫다고 돈을 주고 남에게 부엌일을 맡기는 일은 낭비입니다. 반대로 가정부가 일하는 시간만큼 다른 창조적 일을 할 수 있다면 그것은 낭비라고 할 수 없습니다.

미국의 유명한 강철왕 카네기가 남긴 일화는 「절약과 낭비」가 어떻게 다른가를 보여주고 있습니다.

하루는 카네기가 서재에서 책을 읽고 있는데 손님이 찾아왔습니다. 손님은 학교에 시설을 늘리기 위해 기부금을 희사받으러 온 인근 국민학교 교장선생님이었습니다. 카네기는 손님이 들어오자 그때까지 밝혀두었던 촛불을 한개만 남기고 모두 꺼버렸습니다. 손님은 카네기의 태도를 의아해 하면서 기부금을 부탁했습니다.

얘기를 들은 카네기는 선뜻 학교시설을 늘리기 위한 거액의 기부금을 내놓겠다고 약속했습니다. 손님이 기뻐하면서 자리에서 일어나려하자 카네기는 다시 촛불을 켰습니다. 손님은 자기를 무시하는 것 같아 카네기에게 그 이유를 물었습니다.

"책을 읽을 때는 불빛이 밝아야 하지만 손님과 대화를 하는데는 한개만 켜도 할 수 있지 않습니까?"

카네기가 어떻게 해서 돈을 모으고 모은 돈을 어디에 썼는가를 알 수 있게 하는 얘기입니다.

부처님이 가르친 돈버는 법과 돈쓰는 법도 카네기의 경우와 크게 다르지 않습니다. 물질적 기반 위에서 사는 인간은 정당한 방법으로 축재를 해야 하고 근검과 절약을 실천해야 합니다. 그러나 써야될 곳, 이웃을 위한 일에 인색하다면 그는 진정한 돈의 가치를 모르는 사람입니다.

우리 불자佛子는 십원을 만원처럼 쓸 줄 아는 바른 지혜를 가져야 하겠습니다.

香果 양산 통도사 취운암 스님

밝은 거울 앞에 서자

거울을 보는 것은 유리를 보는 것이 아니라 자신을 보는 일입니다. 그리고 자기의 모습을 바로 잡는 작용을 일으키게 됩니다. 누구에게나 자기 모습을 바로 잡고 마음을 바로 잡는 조정이 중요합니다.

모습과 정신을 동시에 조정할 시간을 갖는다는 것은 특히 현대사회에 있어서 필요한 일입니다.

"전생의 행위는 금생의 나를 만들었지만 나의 행위에 따라 미래

는 결정된다." <삼세인과경>

인간은 자기의 행위身와 생각意에서 악의 잡초를 뽑아 버림으로써 본래 뿌려져 있는 불성佛性의 씨앗이 잘 자라도록 애를 써야 합니다.

불교에서 악행을 말라는 윤리적 덕목과 선행을 하라는 도덕적 덕목에서 한 발 더 나아가 자기의 마음을 깨끗이 하는 종교적 덕목까지 가르침으로써 개인과 사회를 구원하고자 합니다.

그런데 실제로 올바른 행위를 한 사람 또는 훌륭한 일을 한 사람이라고 반드시 행복한 삶을 갖는 것은 아닙니다.

나쁜 사람이 잘사는 경우가 오히려 많고 요령으로 세상을 사는 사람이 성공하는 경우는 자주 볼 수 있기 때문입니다.

반대로 정직한 사람, 세상살이에 서투른 사람은 사회에 받아들여지지 않는 수가 있습니다. 만약 선善에는 선善의 과보가 있다고 한다면 이 현실은 납득 할 수 없다는 일입니다.

그러나 선을 버려도 좋다고는 아무도 생각하지는 않을 것입니다. 정직한 생활을 하는 사람이 불행에 직면하게 되었을 때 부처님도, 신도 없다고 하여 심각한 교만에 빠지는 수가 있습니다. 〈법구경〉에 이런 말씀이 있습니다.

"악한 사람이 복을 누리는 것은 그 악이 성숙하지 못하였기 때문이다. 그 악이 성숙하면 죄보를 받게되고 정직한 사람이 화를 당하는 것은 아직 그 선이 미숙하기 때문이다. 그 선이 성숙하면 그 복은 반드시 누리게 된다."

인간은 누구나 그의 행동, 판단에 있어서 확연한 전환을 하기란 대단히 어려운 일입니다. 그러나 때로는 자기의 내부적인 성숙에서든 또한 외부적인 자극에서든 어떠한 기연에 의해서 단연코 옛 생활을 청산하고 새 방향을 개척하는 경우가 있습니다.

불교의 특징은 한 젊은 구도자가 완전히 자기를 버리고 완전한 자기를 찾은 보리광명에 있습니다. 그러므로 부처님의 인격은 진리의 결정이었으며 부처님은 진리의 실천이었습니다.

"생기지 않은 악은 미리 생기지 않게 하라. 이미 생긴 악은 아주 끊어 버려라. 아직 생기지 않은 선은 더욱 증대시켜라."

<잡아함경>

이 세상에서 개인이나 민족이 모두 파괴 · 유지 · 창조합니다. 우리는 세 종류의 에너지권 가운데 한 곳에 속해 살고 있습니다.

파괴하는 힘의 인력권 중심에는 악마가 있고 창조하는 힘의 인력권 중심에는 거룩한 힘이 있습니다.

모두 깊이 생각해 봅시다. 즉 물질적으로 진보한 사회에서 조차도 실제로 인생에 대해 좀 더 정신적인 접근을 추구해 보고자 열심인 사람은 전 인구중 얼마밖에 되지 않다는 사실입니다.

물론 그런 사람들의 수가 늘어가고 있는 것만은 분명 하지만 그들이 자기네 사회의 뿌리 깊은 기존 규범을 변경 시킬 수 있을 만큼 충분한 세력이라고 볼 수 있을지 의문입니다.

새 시대를 설명해주는 가장 현저한 특징은 사람들이 다같이 화합하여 살기위해 이전 보다 더 많이 애써야 한다는 점과 정신적 노력을 새롭게 전개해 가야 한다는 것입니다. 우선하여 불교인의 지성화知性化 · 사회화社會化가 요구됩니다.

香寂

1950년 출생
1967년 해인사에서 일타스님을 은사로 득도
해인 승가대 학감 · 도서관장
1990년 프랑스 사보이대학 수학
조계종 교육원 교육부장
보문사 주지 · 동국대 감사(현)
불교신문사 사장(현)

현재에 충실하라

인간은 대개가 현실을 충실하게 살기 보다는 항상 먼 미래에 삶만을 위하여 계속 준비만 하다가 마침내 인생을 마치게 됩니다. 경전 가운데 현실에 충실하지 못하고 환상적인 미래의 세계만을 꿈꾸며 사는 사람들을 깨우쳐 주기 위한 경구가 있습니다. 그 경을 〈일야현자경一夜賢者經〉이라 하는데 여기에 옮기면 이렇습니다.

"지나간 것(과거)을 쫓지 않고 아직 오지 않은 것을 생각하지 않는다. 과거, 그것은 이미 버려졌으며, 미래, 그것은 아직 이르지 않았다.

그러므로 단지 지금 존재하고 있는 것을 지금 이자리에서 잘 관찰해야 한다. 흔들리지 않고 움직이지 않으며, 끝까지 살피며 실천해야 한다. 다만 오늘 확실이 해야 할 것을 열심히 하라. 누가 내일 죽을 지 알겠는가. 진실로 저 죽음의 군사도 만나지 않을 수는 없도다. 이와같이 끝까지 잘 살피는 사람은 마음을 기울여 밤낮으로 실천한다. 이런 사람을 일야현자라 하며 또 마음을 고요히 가라앉힌 사람이라고 한다."

이 〈일야현자경〉을 보면 부처님께서 얼마나 현실의 삶을 중요하게 가르치고 있는가를 알 수 있습니다. 사실 사람들은 젊었을 때는 아직 오지 않은 먼 미래의 세계만을 동경하여 현실의 삶을 도외시 하면서 시간을 낭비하고, 늙으면 이미 지나간 과거의 추억들만 끌어모아 자기의 존재성을 확인 받으려 합니다.

사람들의 이러한 속성은 현재의 삶에 다 필요치도 않는 지식을 준비하느라 유치원서 부터 대학을 마칠 때까지 허덕거립니다. 또한 다 먹지도 입지도 못하면서 많은 음식과 옷을 쌓아 두는 사람들 때문에 굶주리고 헐벗은 사람들이 우리 주의에 얼마나 많이 있습니까?

국민의 행복을 위하여 일하겠다는 국회의원 입후보자들도 하나같이 당선이 된 다음에 무엇인가 하겠다고 흥정합니다.

또한 정치일선에서 일하는 분들도 과거와 현재의 잘못을 바로 고치려 하지 않고 내일로 일임하곤 합니다. 이렇게 내일로 미루는 가운데서 우리 사회가 혼란스러운 것이 아닌가 합니다.

요즈음 노사분규가 극심한 것도 근로자들의 고통을 그때 그때 해결해 주지 않고 다 미루어 왔기 때문입니다.

인간의 근본적인 문제 해결을 제시하는 종교계의 성직자나 수도자도 오늘의 문제를 들어 주고 풀어 주기 위한 정진이나 기도보다는 사후의 안락만을 논하려합니다. 종교적 기능을 그러한 쪽으로 보도록하는 종교인이 참으로 많습니다.

부처님은 다른 경전에서도 현실의 삶과 무관한 논쟁을 불가지론不可知論이라 하여 철저히 배격하고 있습니다. 옛 중국의 임제스님은 깨달음의 세계로 나가기 위한 수행과 인간의 자유를 구속하는 문제의 해결은

"바로 지금이지 따로 시간이 없는것"
卽是現今 更無時節

이라고 후학들에게 가르쳤습니다.

어제 · 오늘 · 내일이라는 시간은 인간이 생활하는데 편의상 분류해 놓은 관념에 불과한 것이지 시간이란 실체는 있는 것이 아닙니다. 바로 지금 이 자리에서 자기자신의 모순 극복을 위하여 정진하는것, 그것이 수행이라고 부처님은 〈일야현자경〉에서 밝혔음을 깊이 새겼으면 합니다.

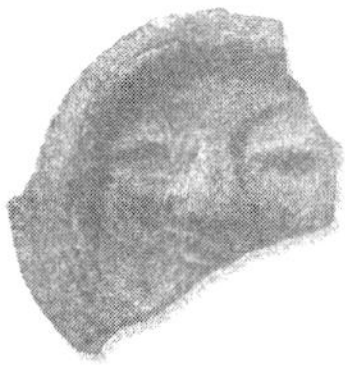

虛定

1947년 출생
1965년 동화사에서 의현스님을 은사로 득도
1982년 총무원 사회국장 · 중앙포교사
1985년 대구 용연사 주지 · 조계사 주지
1992년 총무원 연수부장
금륜사 · 약천사 주지(현)

불우한 이웃과 보시

인내천人乃天이라 하여 사람과 하늘, 즉 사람과 대자연을 하늘, 즉 사람과 대자연을 일직선상에 올려 놓고 파악한 천도교의 시각에 공감을 갖는 것은 요즘 전국을 강타한 태풍과 홍수의 재변災變을 보면서 부터입니다.

사람들은 굳이 자연의 재난을 천재天災, 인공적 재난을 그저 재난이라 구분짓지만, 본인은 보통의 재난과 천재天災가 다르지 않다고 생각합니다.

'민심民心이 곧 천심天心' 이라고 한 고전의 말을 빌지 않더라도 사람들의 마음 씀씀이와 자연현상 사이에는 언설로 명확히 설명할 수 없는 미묘한 관련이 있다는 것은 수긍이 가는 일입니다.

아마 그러한 관계를 전폭적으로 수용했기 때문에 옛 사람들은 천둥번개가 칠때 잠자리에서 일어나 날이 새도록 의관 정제하고 마음을 가다듬었던 것 같습니다.

더구나 일식 또는 월식이 있으면 국가의 대사大事로 여겨 임금이 손수 자신에게 과오가 없는지 살피기도 하였고 조해早害나 홍수피해가 있으면 백관百官과 더불어 근신하였던 사실은 역사서에서 쉽게 찾아볼 수 있습니다.

자연의 현상과 인간사人間事사이의 관계성을 지나치게 비약적으로 생각할 필요는 없겠으나 일체유심조一切唯心造라는 불교의 가르침이 시사하듯 우리들 인간의 험악한 「마음」이 자연의 험악한 마음이 중용적中庸的 형평을 잃고 한쪽으로 기울고 있는 오늘의 현상과 기상 이변의 닮은 꼴에 몰골이 송연한 것은 비단 필자의 나약한 마음 때문 만은 아닐 것입니다.

그러나 지금은 지나간 일의 원인에 대해 이야기하고 있을 만큼 한가롭지가 못합니다. 이제 수마水魔가 할퀴고 간 깊숙한 상처를 어떻게 할 것인가를 생각하고 실현할 때 입니다.

자연의 재해가 발생한 원인 규명도 중요한 일이지만 그보다는 그러한 재난으로 인해 고통받고 있는 우리의 이웃을 어떻게 위로하고 그 고통을 함께 나눌 것인가가 더 시급한 일입니다.

엄청난 인명人命피해와 재산손실로 인해 상처받은 마음을 위로하는 뜨거운 동포애가 절실한 때라고 생각합니다. 행여 이 마당에 자신이 이번 재난에 피해 입지 않았다고 해서 이웃의 고통을 외면하는 비인간적 처신을 하지 않도록 끊임없는 성찰이 필요할 것같습니다.

이번 수재를 계기로 어쩌면 관념적으로 밖에 파악할 수 없었던 불자佛子와 비불자非佛子의 구분이 보다 명확해 질지도 모릅니다.

부처님의 가르침을 받들어 대비행大悲行과 보시행을 실천하는 자라야 참다운 불자佛子라 할 것입니다.

그러나 입만 열었다 하면 자비심을 말하고 보시가 어떻고 하다가 실제로 이웃의 고통을 보고 나몰라라 외면한다면 그 사람이 아무리 절에 다닌지 오래되고 불교적 지식이 풍부하다 하여도 참 불자佛子라 할 수 없을 것입니다.

살인 도적도 부처님의 가르침을 앵무새처럼 외울 수 있겠지만 인인군자仁人君子라 해도 그 가르침을 실제로 행동에 옮기기는 쉽지 않습니다.

여기서 한가지 분명히 해둘 것은 부처님의 가르침을 실천하지 않는 사람은 참 불자佛子일수 없다는 것입니다. 불교는 말이 아니라 실천의 종교이기 때문입니다.

부처님께서는 일찍이 〈열반경〉에서 보시의 중요성에 대해 이렇게 가르치셨습니다.

"보살이 가난한 중생을 만나지 못한다면 자비심이 생겨날 기회가 없을 것이요, 자비심이 생겨나지 않는다면 보시할 마음도 일으키지 못할 것이다. 따라서 가난한 사람을 볼 때 마다 보시는 인연을 지어 모든 중생으로 하여금 편안한 즐거움을 얻게 해 주어야 할 것이니 소위 식음食飮 · 차승車乘 · 의복 · 침대 · 집 · 등불을 보시할 때에는 마음의 얽매임이 없어서 탐욕을 내지 말아야 한다."

모두가 가슴에 새겨야 할 금구金口라 할 것입니다.

돈인가 사람인가

현대인의 그릇된 심성心性이 위험수위에 다다랐다고 해도 과언이 아닙니다. 사회를 우려하게 만드는 성폭행 · 인신매매 · 마약등 일련의 사건들이 빗나간 사회상을 극적으로 보여주는 가운데 최근 결혼 지참금이 적다고 해 아내를 폭행한 잇따른 사건은 또 다른 면에서 우리를 경악하게 만듭니다. 혼수감을 적게 장만해 왔다는 이유로 한 의사가 장모와 아내를 손찌검했습니다.

또 법률사무소에 나가는 신혼의 젊은 남편은 지참금을 조금밖에 가져오지 않은데 불만을 품고 임신한 아내를 폭행해 갈비

뼈를 부러뜨리고 아이를 유산시켰다고 합니다. 이러한 보도를 접하고 보니 성폭행 · 인신매매 · 마약사범등 구조적인 사회악社會惡도 문제지만 개인의 심성心性이 이토록 빗나가는 사회 현상도 문제라는 생각이 듭니다.

혼수품이란 본래 시댁 시부모에 대한 최소의 예우에서 비롯된 풍습입니다. 다시 말해 건강한 몸으로 행복한 가정을 꾸려나갈 수 있게 이제껏 보살피고 길러주신 은혜에 대한 인사치레인 것입니다. 그것이 이젠 도를 넘어 가세家勢를 자랑하는 수단으로 전락되고 있습니다.가문과 가풍을 혼수품으로 재보는 못된 버릇이 길들여지고 있는 이러한 현상은 미래에 대한 「행복가꾸기」가 아닙니다. 신랑과 신부가 사랑으로 만난 것이 아니라, 금전으로 아내의 자격을 가늠한다는 사실은 우리를 슬프게 합니다. 그것은 젊은이의 양식을 배반하는 일이기도 합니다.

부처님은 이런 말씀으로 우리를 일깨우고 있습니다.

"출생을 묻지마라. 그 행실을 물어라. 불火은 실로 모든 장작으로부터 생긴다. 천한 집에 태어난 사람일지라도 성자聖者로써 도심道心이 견고하고 부끄러운 마음으로 근신한다면 고귀한 사람이 된다." <숫타니파아타>

비록 가난한 집에서 맨주먹으로 시집온 아내라 하더라도 근검절약하고 남편을 잘 공양한다면 호화찬란한 혼수감 못지 않은 재보財寶감이 된다는 얘기입니다. 우리는 실제로 고대광실高臺廣室에서 떵떵거리며 남부럽지 않게 살던 가정이 어느 날 졸지에 파탄이 되는 경우를 종종 봅니다. 아내의 간통, 자식들의 탈선, 남편의 외도가 이유입니다. 무엇이든지 돈으로 인간의 지위와 행복을 결정지으려는 풍토는 비난받아 마땅합니다. 돈이 많아야 가장노릇 잘하고 지참금을 많이 못챙긴다고 해서 시집 잘가는 것은 아니라는 얘기입니다.

물론 요즘처럼 집 한 채 사기도 힘든 현실에서 아내가 많은 것을 해가지고 오면 크게 도움이 된다는 것을 모르는 바 아닙니다. 그러나 젊은이의 행복은 「갖춤」에 있는 것이 아니라 둘이 힘을 합쳐 「만들어나감」에 있다고 볼 때 그 사람의 행실은 매우 중요한 의미를 지닙니다.

부처님도 교단을 형성할 때 그 사람의 빈부귀천을 묻지 않았습니다. 2백50여 비구를 이끌고 귀의한 귀족 출신 사리불이나 목건련, 창녀출신의 암마팔라, 똥을 푸는 것을 직업으로 한 제분인등을 대함에 있어 차별하지 않았습니다. 오히려 암마팔라와 니다이의 출신성분에 불만을 품고 항의하는 제자들에게 부처님은 이런 말씀으로 타일렀습니다.

"하수구나 똥물등이 강물이 되고 바다를 이루면 그 연원을 묻지 않는다. 일만 백성도 여래의 품안에 들어오면 다 이와 같느니라.”

부처님의 품안에 들어온 수많은 천민출신의 제자들은 이 말씀에 보답이라도 하듯 피나는 정진으로 후세에 이름을 날렸습니다. 지참금이 적다고 아내를 폭행하는 현대인들은 이점을 알아야 합니다. 「마음먹기」에 달려 있다는 것을 알아야 합니다.

玄觀

1947년 출생
1960년 은해사에서 석주스님을 은사로 득도
1978~82년 해군 군종법사
1983년 총무원 사서실장
1984년 제주 관음사 주지
1986년 총무원 사회부장
1992년 운암사 주지 온양 보문선원 주지

종말론 속에 숨은 뜻

가치관이 전도된 현실세계의 모습을 불교에서는 오탁악세五濁惡世라고 표현합니다. 오탁악세란 다섯가지로 더러워진 나쁜 세상이란 뜻으로 이 말은 〈비화경悲華經〉방편품에서 최초로 사용하고 있습니다

"저 오탁악세에 모든 부처님이 출세하신다. 오탁이란 겁탁劫濁 · 견탁見濁 · 번뇌탁煩惱濁 · 중생탁衆生濁 · 명탁命濁을 말한다."

오탁을 현대적 관점에 본다면 첫째 겁탁은 기근과 질병, 혹은 천재天災와 침략전쟁, 그리고 환경파괴 등 수많은 재앙이 발

생하는 시대입니다. 두 번째 견탁은 온갖 사악한 것에 대한 그릇된 사상과 견해를 말합니다. 예컨대 폭력혁명을 주장하는 이데올로기, 황금만능주의등이 여기에 해당됩니다.

세 번째 번뇌탁은 탐욕과 분노, 자기중심의 욕망, 아집에 기초한 여러 가지 악덕이 횡행하는 시대를 말합니다. 네 번째 중생탁은 심신心身의 자질이 함께 저하되어 참으로 자기를 책임질 수 없는 사람이 넘쳐나는 사회, 무책임한 대중이 많아져 책임소재를 어물어물 넘겨버리는 사회가 여기에 해당됩니다.

다섯 번째 명탁이란, 사람들의 수명이 점점 짧아지는 것인데 이는 불의의 사고나 재해에 의해 목숨을 잃은 경우가 많은 것에 대비될 수 있습니다.

오탁악세는 결코 건강한 사회, 발전하는 사회가 아닙니다. 무너져가는 사회, 망하는 사회입니다. 역사속에 등장했던 수많은 국가가 쓰러져갔던 것도 넘쳐흐르는 오탁악세적 사회분위기를 극복하지 못했기 때문입니다.

세계를 지배했던 로마가 그러했고 중국의 수많은 왕조가 몰락해간 것이 그렇습니다. 한 때 강성을 자랑했던 고구려나 신라가 멸망한 원인도 여기에 있습니다.

그러면 오늘 우리가 살고 있는 이 세상은 어떠할까요? 불행하게도 이 시대, 이 사회는 〈비화경〉에서 지적하는 오탁악세의 종말론적 징후가 여기 저기서 생겨나고 있습니다.

온갖 사악한 견해와 탐욕스런 싸움이 하루도 끊이지 않고 계속되고 있습니다. 이런 양상이 계속된다면 언제 우리 사회가 무너져버릴지 모른다는 위기감이 팽배하고있는 것은 정확하게 현실을 반영한 것입니다.

하지만 세상의 앞날을 반드시 절망적으로만 볼 필요는 없습니다. 모든 세상이 반드시 기계론적인 생성과 소멸을 반복하는 것은 아닙니다. 백년을 가는 왕조가 있고 천년을 가는 왕조가 있듯이 내부적인 모순을 어떻게 극복하느냐에 따라 미래의 그림은 달라지게 됩니다.

이것은 비단 한 민족이나 국가 뿐만이 아니라 가정이나 사회, 개인도 마찬가지입니다. 다시말해 인간의 의지와 노력이 얼마나 투여되느냐에 따라 세상의 장래는 달라질 수 있다는 것입니다.

종말론은 예나 지금이나 있어왔습니다. 종말론은 세상 사람을 겁주자는 것이 아닙니다. 자신이 서있는 발밑을 바라보고 각성시키자는데 뜻이 있습니다.

불교의 가르침 가운데 일체개고一切皆苦 삼계화택三界火宅 고해苦海와 같은 표현도 무작정 현실을 부정하고 비탄에 빠지자는 것이 아닙니다. 냉철한 현실은 인식을 통해 자각의 눈을 뜨자는 것입니다.

미망迷妄으로부터 눈을 뜰때 새로운 세계가 열릴 수 있기 때문입니다.

"언제나 그 뜻이 깨어 있어서 밤이나 낮이나 부지런히 공부하면 번뇌가 없어지고 뜻이 풀리어 해탈을 이루게 된다."

〈출요경〉 계품戒品에서 부처님이 이르신 말씀은 오탁악세를 두려워할 것이 아니라 그것을 이겨내야 한다는 충고입니다.

모든 희망의 철학은 절망에서 생깁니다. 어려워져가는 우리의 현실을 앞장서서 정화하려할 때 오탁악세는 청정한 세상이 될 것입니다.

현산 화엄사 선등선원 원장

행복의 길

요즘 우리나라뿐만 아니라 세계 곳곳에서 개발이 한창입니다. 중국 장가계에 가보면 동굴이 석순으로 가득차고, 그 속에 강이 흘러서 보트를 타고 가니 참 신비의 세계가 많습니다. 또 바다 속에 들어가보면 신비의 세계, 또 사람의 세포도 신비의 세계, 그런 갖가지 현상이, 마음이 신령스럽고 묘한 것이기 때문에 세계가 그렇게 나타나 보이는 것입니다.

밖의 경계가 아닙니다. 바로 자신의 경계입니다.

물질과 마음이 둘이 아니라고 했습니다. 이러한 미묘함의 세계가 여러분 마음에 다 들어 있습니다. 모든 신령함, 천안통,

천이통, 숙명통, 신족통, 타심통 이런 것이 다 여러분 마음자리에 구족해 있습니다.

그래서 임제 스님이 말씀하시기를

"어떤 것이 부처냐?" 하고 물으니까

"지금 내 법문 듣는 여러분이 부처다"하고 답했습니다.

종일토록 눈 뜨자마자 온갖 일 다 분별하는 신통 묘력이 갖춰져 있는 여러분의 그 마음자리가 없이는 아무 것도 없습니다.

이것이 있기 때문에 온 천지가 있고, 이것이 없기 때문에 온 천지가 없어지며, 이것이 괴로우면 온 천지가 괴롭고, 이것이 즐거우면 온 세상이 다 즐거운 법입니다. 그래서 미묘함과 신령함이 다 갖추어져 있기 때문에 여러분의 마음은 만법의 왕입니다.

염화시중拈華示衆, 부처님이 꽃을 들어 보인 것도 이 마음도리를 드러내 보인 것이고, 달마 대사가 면벽을 하고 계신 것도 이 마음 도리를 드러내 보이시기 위한 것입니다

이 뭣고, 이 뭣고 하는 그 간절한 생각, 이 마음이 여러분을 가장 영원한 행복의 길로 인도합니다. 가장 가까이 있는 내 면목을 깨달아야 여러분의 참 행복이 거기에 있습니다. 참 지혜가 드러나고 이렇게 세상을 근심 걱정 없이 나날이 행복하게 살 수 있는 비결이 여기에 있습니다. 이 몸뚱아리는 하찮은 것입니다. 별 볼일 없이 욕망만 피다가 죽으면 축생이나 다름없

는 것입니다.

여러분이 참으로 부처님 제자이고 사람일 것 같으면 이 도道를 위해서 생명을 바쳐야 됩니다. 그래야 비로소 성과가 있을 것입니다. 거기에는 무한한 자비가 솟아오르고 무한의 지혜가 갖추어 있습니다. 참으로 참으로 죽는 것이 영원한 행복의 길입니다.

그렇게 크게 보는 사람이 하찮은 일로 싸우고 다투고 그럴 까닭이 없습니다.

큰 원력을 가지고 세상을 크게 보고
아 내가 내 일을 지금까지 못하고
미혹하고 얼마나 많은 고통을 받으며
윤회하며 살아왔던가. 이 부처님 위대한 법.

이 법을 만났을 때 내가 나를 깨달아야지 하는 이런 간절한 마음을 내고 또 낼 때에 여러분의 가정이 행복해지고 사회가 평안해지고 국가가 부강해지고 온 세계가 평화로워 집니다.

玄惺 전 도선사 주지

1938년 출생
1964년 선학원에서 청담스님을 은사로 득도
1980~92년 도선사 주지
1983년 총무원총무부장
1987~2006년 동국대학교 이사
1999년 중앙승가대 총장
혜명불교 양로원 원장
2006년 불교청소년 교화연합회 회장

먼저 잘해주기

사람은 누구를 막론하고 혼자 살 수 없습니다. 먹고 입는 일만해도 농부의 땀과 직녀의 수고가 아니면 불가능합니다. 이렇게 생각하면 이웃이야말로 참으로 고마운 사람들입니다. 이웃이 아니면 내가 존재할 수 없다고해도 틀리지 않습니다.

그런데 사람들은 가끔 이 고마움을 잊고 사는 수가 있습니다. 공연히 남을 믿지 못하고 미워하는 것이 버릇이 된 사람도 있습니다. 이런 사람들은 언제나 상대는 나쁜사람, 가해자加害者이고, 자신은 좋은사람被害者이라는 고정관념에 사로잡혀 있습니다.

상대가 나쁘기 때문에 자신이 아무리 잘 하려고 해도 관계가 개선되지 않는다고 불평합니다. 모든 것이 상대방 탓이지 자기 탓이 아니라는 것입니다.

그러나 이는 잘못된 생각입니다. 먼저 남에게 호의를 베풀지 않고 남이 나에게 잘해주기만을 바라는 이기심利己心입니다. 이것이 인간관계를 나쁘게 합니다. 문제의 소재는 남에게 있는 것이 아니라 자신에게 있다는 말입니다.

옛날, 사이가 나쁜 시어머니와 며느리가 있었습니다. 시어머니는 사사건건 트집을 잡아 며느리를 못살게 굴었습니다. 며느리는 이런 일을 남편에게 말해 도움을 청했지만 이를 안 시어머니의 구박은 더욱 심했습니다.

참다못한 며느리는 의원을 찾아가 사실을 털어놓고 시어머니가 돌아가실 약을 지어달라고 했습니다. 의원은 고개를 끄덕이더니 약을 지어주며 매일 떡속에 넣어드리면 1년 뒤에는 아무도 눈치채지 못하고 죽게 된다고 일러주었습니다.

며느리는 이튿날 부터 하루도 거르지 않고 찹쌀떡에 약을 넣어 시어머니께 드렸습니다. 시어머니는 처음에는

"이런 떡이나 먹고 넘어갈줄 아느냐"

고 했지만 하루도 거르지 않는 며느리의 정성이 점점 기특해지기 시작했습니다. 1년이 채 못되어 진실로 며느리를 아끼고 귀

여워 해주게 되었습니다.

시어머니의 태도가 바뀌자 며느리의 마음도 자연히 착해졌습니다. 며느리는 후회가 막급했습니다. 의원한테 쫓아가 눈물로 호소하며 해독할 약을 청했습니다. 그러자 의원은 이렇게 말했습니다.

"지금처럼 계속 약을 떡속에 넣어 드리세요. 그 약은 독약이 아니고 꿀이니까요."

옛부터 고부姑婦간의 갈등은 풀수 없는 매듭처럼 생각하는 사람이 많지만 절대 그렇지 않습니다. 매듭을 풀지 못하는 것은 생각이 부족하고 지혜가 없기 때문입니다.

며느리의 입장에서 시어머니는 참으로 고마운 분입니다. 사랑하는 남편이 시어머니가 없었다면 어찌 자신과 인연을 맺을 수 있었겠습니까.

반대로 시어머니의 입장에서도 며느리는 참으로 귀여운 존재입니다. 내가 낳은 귀한 자식과 짝이 되어 고생하는 것을 생각하면 매일같이 등이라도 다둑거려주지 않을 수 없습니다.

비단 며느리와 시어머니의 관계 뿐만 아니라 모든 인간관계가 다 그렇습니다. 남편과 아내, 자식과 부모, 스승과 제자, 친구와 이웃은 나에게 분이 넘치도록 고마운 사람들입니다.

자식이 없다면 얼마나 쓸쓸할 것이며 이웃이 없다면 과연 내가 이렇게 나마 존재할 수 있겠습니까. 그렇지 않다는 대답이 나온다면 우리는 그 이웃을 위해, 남을 위해 먼저 잘해주어야 합니다.

이렇게 하면 결코 나를 섭섭하게 하는 일이 생기지 않습니다.

"항상 존경할 만한 것은 존경하고 섬길만한 것은 섬길 줄 알아야 한다. 네가 먼저 널리 베풀고 두루 사랑하며 연민하는 마음을 가져라. 그러면 천신天神도 칭찬할 것이다."

〈유행경遊行經〉에서 부처님이 가르친 세상 사는 법입니다. 마음이 편안해지려면 이 말씀대로 살 일입니다.

玄素 은해사 한주

1950년 출생
백양사에서 천장스님을 은사로 득도
건봉사 주지 · 보경사 주지
조계종 11대 종회의원

자신에게 엄격하라

중국 송宋나라때 불안청원佛眼淸遠(1067~1120)스님은 이런 말씀으로 후인後人들을 가르쳤습니다.

"털끝까지 보는 사람도 자기 눈은 보지 못하고 천근을 드는 사람도 자신의 몸은 들지 못한다. 다른 사람을 책망하는 일에는 밝으면서 자기를 용서하는 잘못에는 어둡다."

많은 사람들은 대부분 자신의 잘못에 대해서는 관대하면서도 남의 잘못에 대해서는 매우 엄격합니다. 상대방의 약점을 잡으면 평소 자기가 갖고 있던 단점이나 저지른 잘못에 대해서는 아예 생각조차 하지 않고 남의 잘못만 크게 확대해 나무라기도 합니다.

남의 잘못을 가만히 놔두는 것도 결코 잘한다고 할 수 없는 일이지만 그것을 기회로 남을 능멸하는 것은 더 나쁩니다. 왜냐하면 그로인해 남의 잘못을 고치기는 커녕 스스로 교만에 빠져 자신은 더 큰 잘못을 저지를 수 있기 때문입니다.

이 세상에 사는 사람치고 누구도 허물을 저지르지 않는 사람은 없습니다. '털어서 먼지 않나는 사람 없다.'는 속담도 있듯이 누구도 뒤를 들춰보면 작은 허물이 있게 마련입니다.

흔히 인격적으로 훌륭한 사람이라고 할 때 그 사람은 완전무결한 완벽자를 뜻하는 것은 아닙니다. 정확하게 말하면 허물많은 보통사람보다 그 정도가 훨씬덜하다는 뜻입니다.

이렇게 말하면 어떨지 모르지만 인간으로써 최고의 완벽한 인격人格을 갖추었다고 하는 부처님에게도 허물은 있을 수 있습니다. 인격적인 허물은 아니었다 해도 부처님에 대한 좋지 않은 감정을 가진 사람이 있었던 것으로 보아 일단은「완벽한 인격」이라고 말하기는 어렵습니다.

제자 데바닷다의 배신, 외도外道의 비난이 그 좋은 예입니다. 이는 비단 부처님 뿐만 아니라 예수나 공자에 있어서도 마찬가지입니다. 요컨데 이 세상의 어떤 사람도 남에게 비난 받지 않을 사람은 있을 수 없다는 얘깁니다.

부처님이나 예수 공자와 같은 성인聖人들 조차 모든 사람들로부터 비난받지 않을 수 없기가 어려웠다면 보통사람으로써는 더이상 말할 나위가 없음이 당연합니다.

다시말해 우리자신도 언제든지 남에게 관용과 용서를 바라는 입장이 될 수 있다는 것입니다. 그렇다면 우리는 상대방의 허물에 대해 보다 관대하고 자비로울 수 있어야 합니다.

만약 우리가 남의 허물을 매몰차게 비난만 한다면 내가 잘못을 저질렀을 때 남도 그렇게 비난하게 됩니다. 이 세상의 허물을 무조건 덮어주자는 것이 아닙니다. 그렇게 된다면 옳고 그름의 기준이 서지 않을 뿐더러 자칫하면 같은 허물이 반복될 수 있기 때문입니다.

중요한 것은 남의 잘못을 놓고 무조건 헐뜯고 비난만 할것이 아니라 자신도 그럴 수 있음을 먼저 생각해야 한다는 것입니다.

이렇게 해야 허물이 그림자 따르듯 하는 우리의 인격이 조금이라도 나아질 수 있습니다. 그래서 〈상응부경전〉에서 부처님은 우리에게 이렇게 가르치고 있습니다.

"남의 허물을 보고 우둔한 자는 욕과 비방을 늘어놓고 교만해진다. 그러나 승리는 이를 참고 옳게 받아들이는 사람의 것이다."

부처님의 간곡한 타이름은 남의 허물을 보고 공연히 우쭐해하는 어리석음을 경계하고 있습니다. 남의 약점을 잡아 교만해지면 자신이나 타인을 위해 아무런 도움도 되지 않는다는 사실을 명심해야 합니다.

남의 잘못을 탓하기에 앞서 자신의 허물에 엄격해져야 합니다. 그래야만 우리의 인격이 조금이라도 더 부처님의 그것에 가까와질수 있습니다. 이것이 불자佛子가 취해야 할 태도입니다.

玄悟 서울 大智布敎院 원장

속으며 사는 사람들

어떤 사람이 숲에서 인생의 참다운 가치에 대해 명상하고 있었습니다. 그에게는 아끼는 경전經典이 한권 있었는데 어느날 쥐 한 마리가 그것을 쏠아 놓았습니다

수행자는 괘씸한 생각이 들어 쥐를 잡으려고 고양이를 기르기로 했습니다. 고양이를 기르다보니 고양이먹이로 우유가 필요했습니다. 우유를 얻기 위해 염소를 기르다보니 이번에는 가축들을 관리할 사람이 필요했습니다. 수행자는 의지할 곳 없는 소녀를 데려와 염소를 기르도록 했습니다.

몇 년 후 소녀는 수행자의 부인이 됐습니다. 그에게는 아

들 · 딸이 생겼습니다. 식구가 늘어나자 큰 집을 지어야 했고 고양이 · 염소 · 아내 · 자식을 먹여살리기 위해서는 아침부터 저녁늦게까지 생계꾸리는 일에 매달려야 했습니다.

이제 그는 더 이상 인생의 참다운 가치에 대해 명상할 시간을 가질 수가 없었습니다. 오직 먹고 사는 것만이 그의 인생에 유일한 목적일 뿐이었습니다.

비유가 적절할지 모르나 대체로 사람들이 사는 모습을 보면 쥐 한 마리에 속아 전도된 삶을 사는 것과 크게 다르지 않습니다. 이유야 어디에 있든 모든 사람들은 헛된 욕심의 포로가 되어 살아가고 있는 것이 현실입니다.

재산을 많이 모으고 출세하고 권력을 잡아 천하에 이름을 드날리고 싶은 것이 사람의 욕망입니다.

이 욕망은 만족이란 것이 없습니다. 마치 소금물로 갈증을 달래려면 더 큰 갈증이 생기듯 재산과 명예와 권력과 출세에의 욕망은 마지막이란 것이 없습니다.

사람의 욕망을 반드시 나쁘다고만 딱 잘라 말하는 것은 무리한 생각일지도 모릅니다. 문명이나 역사란 기실 인간의 욕망이 이루어 놓은 업적입니다.

욕망이 없다면 삶 자체가 무의미한 것이 될 수도 있습니다. 문제는 이 욕망이 마치 브레이크가 고장난 전차와 같다는데 있는 것입니다.

제동장치가 말을 듣지 않는 「욕망이란 이름의 전차」는 마침내 파멸에 이르고서야 멈추게 됩니다.

최근 우리사회를 시끄럽게 했던 공직자의 부정부패는 연일 매스컴을 장식하고 있습니다.

대통령의 자식이라는 점을 빌미로 무조건 내 닫기만 했던 어떤 사람의 행적은 누가 보아도 아름답지 못한 모양으로 결말나고 말았습니다.

부정과 타락, 탈법으로 얼룩진 대통령 선거나 국회의원 선거도 마찬가지입니다. 입으로는 언필칭 「민주주의」요 「신성한 주권」이라면서 선거과정에서 일어났던 갖가지 불미한 모습은 인간이 도덕적으로 얼마나 타락할 수 있는가를 보여준 한심한 작태의 연속이었습니다.

선량選良이 되겠다는 사람이나 유권자나 모두 한통속으로 어울려 탈법과 타락을 연출해낸 선거야말로 지금 우리가 얼마나 물질만능에 오염돼 있는가를 단적으로 보여준 예입니다.

그러나 온통 세상이 거꾸로 뒤집혀 있다고 하더라도 가끔은 차분하게 진리의 말씀에 귀기울일 필요가 있습니다. 인간이 피나게 추구하는 가치는 물질적인 것에만 있는 것이 아님을 깨달아야 합니다.

"과거와 미래의 물질도 항상됨이 없거늘 하물며 현재의 물질은 변하고 없어져 항상감이 없으므로 집착할 만한 것이 못되느니라."

<잡아함경 1권, 과거무상경>

재물이 아무리 산처럼 쌓이고 명예가 하늘처럼 높다해도 필경에는 무너지고 떨어지게 마련입니다.

부끄러운 종말이 되지 않도록 하기 위해 항상 절제하고 조심하는 자세를 잃지 말아야 합니다. 헛된 것에 무한정 매달리다보면 돌이킬 수 없는 천길 벼랑으로 굴러떨어지게 될 뿐입니다.

玄藏 전 통도사 백운암 주지

봉화 각화사 주지

무엇이 우상숭배인가

"절에 가면 부처가 있어요. 어두컴컴한 방 안에 부처가 턱 버티고 앉아 있어요. 부처 앞에 열 번 백번 절을 해도 부처님은 말도 못하고 복을 줄 수 없는데 그것도 모르고 어리석게 「우상」을 섬기는 사람이 되면 안되지요…"

개신교 교회학교 교재인 〈유치부 공과〉라는 책에 나오는 우상에 대한 설명입니다. 거두절미 한마디로 말하면 「불교는 우상숭배의 종교」라는 것이 저들의 주장이니 어처구니 없는 일이 아닐수 없습니다.

우상이란 무엇입니까? 사전은 「형태가 없는 신불神佛을 형상으로 나타낸 것」이라고 설명하고 있습니다. 종교학적으로 말하면 우상을 주체로 하여 숭배하고 신앙하여 고통을 잊고 위안을 얻고자 하는 것이 우상숭배입니다. 그렇다면 불교의 어느 대목이 우상숭배에 해당되는 것일까요.

불교는 첫째, 실재實在하지 않는 신을 믿지도 숭배하지 않습니다. 부처님은 신이 아니며 인간으로 태어나 최초의 정각正覺을 얻은 분입니다. 그 분을 형상으로 조성한 것은 스승에 대한 존경과 그리움 때문입니다.

그것은 마치 어버이에 대한 그리움으로 사진을 모셔놓거나 위인의 업적을 추모하기 위해 등상等像을 만드는 것과 같습니다. 그것은 십자가를 교회에 걸어놓고 예배하는 것과 다를 바가 없는 신앙행위 입니다.

둘째 예배하는 것은 소박하게 말하면 존경하는 분에 대한 지극한 경례敬禮입니다. 그러나 불교도가 부처님께 예배하는 뜻은 단순한 경례敬禮만은 아닙니다. 거기에는 깊은 종교적 수행의 뜻이 담겨 있습니다. 무엇보다 거짓 자기, 위선과 오만으로 가득찬 자기를 완전히 던져 버리는 행위가 예배입니다.

오체투지五體投地란 거짓의 자기를 최대한 낮춤으로써 참된 자아를 발견하려는 행위입니다. 참된 자아의 상징은 바로 불자의 스승인 부처님입니다.

거짓 자기를 버리고 진실한 자기로 돌아가자는 것이 불교도의 목적이고 그 수단이 예배인 것입니다.

부처님은 진리의 상징이자 그 자체입니다. 그래서 부처님은

'법(진리)를 보는 자가 부처님을 볼 것'

이라고 〈잡아함경〉 47에서 말씀하고 있습니다. 〈금강경〉에도 같은 말씀이 있습니다.

만약 형상으로 나(부처)를 보려거나
소리로써 나를 찾는다면 그는 불교를 잘못 믿는 것이다.
끝내는 부처를 보지 못하리라.
若以色見我
以音聲求我
是人行邪道
不能見如來

고 했습니다.

그렇다면 누가 우상을 숭배하는 사람들인가는 분명합니다. 실재하지 않는 신을 있다고 믿고 그에 대한 절대적 믿음과 의지依支를 표시하는 저들의 행위는 극단적 우상숭배입니다. 형상을 만들고 거기에다 예배를 하느냐 하지 않느냐가 중요한 것이 아닙니다. 초월적 실재를 믿고 그에게 자비를 구하며 울고 불고하는 행위야말로 우상숭배 행위의 극치일 터입니다.

한가지 더 짚고 넘어갈 일이 있습니다. 인격적으로 신뢰할 수 있고 존경할 만한 분을 가슴속에 간직하는 것도 허물이 될 수 있는가 하는 일입니다. 대답은 물론 「그렇지 않다」는 것입니다.

부처님은 누구입니까? 그분은 우리가 최고의 신뢰와 존경을 표시해도 모자랄 분입니다. 만약 우리가 그분 처럼만 될 수 있다면 우리에게 그 이상의 행복은 없을 것입니다.

우리가 그 분과 같은 인격을 갖추고자 하는 열망은 아무리 많아도 부족한 것입니다. 그것은 우상숭배 따위와는 거리가 멀고 멉니다. 그분에 대한 예배는 불교도가 실천해야 할 최고의 수행입니다. 다만 우리는 그 존경이 자나쳐 그분을 초월적 실재로 오인하는 일은 없어야 할 것입니다.

끝으로 한용운 전집에 있는 부처님 말씀을 소개하고저 합니다.

"우리는 아주 오랜 과거부터 진여眞如와 무명無明의 두 종자를 지니고 있어서 그것이 성품의 바다와 식장識藏속에 포함되어 서로 훈습薰習한다. 그리하여 범부는 무명으로 진여를 훈습하는 까닭에 반야지般若智를 그르쳐 식識을 삼고, 도道를 배우는 이는 진여로 무명을 훈습하는 까닭에 식識을 전환시켜 반야지般若智를 이룬다."

하였습니다.

玄旨 광주 원각사 주지

송광사에서 구산스님을 은사로 득도

새로운 법, 낡은 법

부처님 당시인 2천 5백년전에도 현세처럼 대소국가들이 우방이면서도 서로가 견제하며 살아가고 있었습니다.

부처님께서 영축산에 머물고 계실 때 마가다국 신하가 찾아와서 부처님께 자문을 구했습니다.

이웃나라가 점점 부강해지고 있어 더 이상 두고 볼 수 없으므로 그 나라를 침공해 정복하겠다는 것이었습니다.

부처님께서는 마가다국 신하에게 말했습니다.

"나는 그 나라를 여행할 때 왕에게 나라 다스리는 일곱가지 법을 가르쳐 준적이 있소. 지금도 그들이 내 가르침을 그대로 따른다면 그 나라는 번영할 것이고, 쇠퇴하지 않을 것이오."

부처님은 아난존자를 불러 지금도 그들이 그 일곱가지 법을 잘 지키고 있는가를 물었습니다.

"그들은 부처님의 가르침대로 일곱가지 법을 잘 지키며 나라를 잘 다스리고 있습니다."

아난다가 대답했습니다.

그 일곱가지 법중에 세 번째에 이러한 법이 있습니다.

"새로운 제도를 만들때는 지금까지 지켜온 법을 버리지 말고 예부터 내려 오는 법과 미풍양속을 잘 지켜나가야 한다."

부처님의 이 말씀은 인도에서 발생한 불교가 중국을 거쳐 우리나라에 들어와 지금까지 1천6백여년간 뿌리박고 이어져 오고 있음과 무관하지 않습니다.

삼국시대의 불교전래 이후 고려가 불교를 국교로써 신봉했으나 조선으로 이어지면서 불교는 심한 억압을 받았습니다. 조선의 건국이념과 새로운 제도가 불교를 배척한 것입니다.

새롭다는 것은 기존의 양식과 비교되는 상대적인 개념입니다. 따라서 이전의 것은 구습 또는 낡은 것으로 남아 버리게 마련이므로 불교가 배척받는 것은 당연한 것인지도 모를 일이었습니다.

그러나 불교는 이 땅에서 사라지지 않았습니다. 오히려 「낮에는 유교적 생활, 밤에는 불교적 생활」이란 말이 나돌 정도로 백성들의 정신적 의지처로 신앙의 귀의처로 역할을 다하며 면면히 이어온 것입니다.

일제하의 암울한 시점에도 이에 굴하지 않고 끝까지 투쟁하며 부처님 법을 전하여 왔습니다.

이러한 불교의 끊이지 않는 연속성과 불멸의 연속성은 어디에서 기인하는 걸까요?

그것은 불교가 사찰내에서 산신각을 세우고 칠성각을 조성하는등 전래되면서부터 취해왔던 자비와 화합의 정신이 백성들의 관념에 깊이 인식되어 왔기 때문입니다. 다시 말해서 기존의 제도와 법과 미풍양속을 해치지 않고 버리지 않았기 때문입니다.

현재 1천 6백년의 한국불교는 많은 난관에 봉착해 왔습니다. 조선시대와 별반 다름없습니다. 그들은 지금 민족전통의 고유의식을 「이단」으로 몰아붙이며 거품을 물고 있습니다.

유등제와 장승제가 올림픽기념 문화행사에서 취소된 것이 좋은 예입니다. 그들은 최근 언론과 방송매체를 통해 지탄을 받아 왔지만 어찌보면 그것은 빙산의 일각에 불과할지도 모릅니다.

부처님 법에 비추어 보면 제 무덤을 파는 것 같아 가련해 보이지만 나타나는 현상은 심각한 일들이 적지 않습니다.

이러한 때 우리는 부처님의 세 번째 가르침을 다시 한번 음미해야 합니다.

우리는 예부터 내려오는 전통과 제도와 미풍양속을 잘 지켜 왔으며 지켜 나가려 노력하고 있습니다. 우리가 부처님 법을 그대로 따른다면 쇠퇴하지 않을 것입니다.

단지 지금 우리가 안고 있는 몇몇 슬픈 현상은 길을 가다 잠깐 넘어진 것일 뿐입니다.

땅에서 넘어진 자 땅을 짚고 일어서야 한다고 하였습니다. 그러할 때 한국불교는 번영할 것입니다.

玄眞 서울 여의도 포교원장

1950년 출생
1967년 화계사에서 법인스님을 은사로 득도
1970년 동국대 석림회 회장
1982년 조계종 포교사 자격취득
1987년 서울 여의도 포교원 개설, 원장
안산 선재유치원 · 광명 어린이집 원장(현재)
안산 경실련 공동대표(현재)

큰나무의 씨앗

우리의 어두운 마음에는 애욕과 번뇌와 고통으로 꽉차있지만 그래도 다행하게도 불종자佛種子인 반야지혜를 성취할 가능성도 또한 갖춰져있습니다.

애증으로 하루 하루를 살아가고 있는 우리도 조그마한 씨앗을 갖고 있으므로 그같은 가능성이 있는 한 우리도 부처님같은 큰 나무로 성장할 수 있습니다. 이 가능성을 부처의 씨앗 또는 여래장如來藏이라고 부르기도 합니다.

착한 사람 악한 사람을 막론하고 누구에게나 한결같이 자기 마음속에 불성이 갖추어져 있습니다. 〈대열반경〉에는

"모든 존재에 성불할 가능성이 평등하게 부여되어 있다. 동물, 식물, 산천 초목 모두가 부처의 경지에 도달할 수 있다."

고 했습니다. 근대 선문禪門의 거장 만공 스님도

"살아있는 모든 존재는 불종자佛種子"

라고 말했습니다.

지옥에서 신음하면서 한줄기 광명조차 받지 못하는 생명일지라도 불성만은 구비하고 있으므로 모든 생명은 고귀할 뿐아니라 만유는 평등한 존재입니다.

어두운 업보의 그림자만 있는 줄 알고있는 우리도 불종자가 갖춰져 있다는 부처님의 말씀은 얼마나 용기와 희망을 주는 감로수입니까!

중생이 중생일 수 밖에 없고 스스로 고통을 자초하는 이유는 자기 자신에게 여래장이 있음을 모르기 때문입니다.

이 씨앗은 탐욕에 가려져 좀처럼 땅에 뿌리를 내리지 못하고 있습니다. 이 여래의 씨앗을 살리기 위해서는 항상 마음의 움직임을 관찰하고 기도하는 자세로 전심전력을 다해 삿된 마음을 덜어내야 합니다.

마음의 움직임을 진정시키면서 나날이 불종자를 가꿔나가면 가지가 쑥쑥자라고 잎이 무성해져 열매를 맺을 날이 언젠가는 도래할 것입니다.

상구보리 하화중생上求菩提 下化衆生도 마음의 씨앗이 발아되지 않고서는 달성될 수 없는 것입니다.

마음자리가 불종자를 머금고 있어도 비를 만나는 등 여러 인因과 연緣을 만나야 싹이 틀 수 있습니다. 성불로 향하는 길은 내재한 여래장을 확인하는 것만으로 완성되지 않습니다.

내면세계에 담겨있는 부처씨앗을 땅에 굳건하게 뿌리내리고 개화시키기 위한 각고의 노력을 해야 합니다. 그것이 수행修行이고 모든 불자佛子가 실천 해야 할 과업입니다.

고해苦海 한 가운데에서 미혹과 번뇌의 파도를 부단히 일으키는 우리에게도 불멸의 진리가 참재되어 있음을 깊이 믿고 나날이 씨앗을 가꿔 나가면 언젠가 마음의 꽃이 필 수 있을 것입니다. 한번 삼매화三昧華가 피면 그 꽃은 형태가 없어서 다시는 지지 않습니다.

이러한 우주생명과 불과佛果를 이룰 씨앗은 불씨조차 차겁게 식은 한적한 두메산골이나 절간에만 있지는 않습니다.

다이아몬드 금반지 그 자체가 나쁜 것이 아니라 재물에 애착하는 마음이 문제이듯 공해와 소음으로 오염된 도회지라 해도 주위환경에 끌려다니는 마음을 일으키지 않으면 됩니다.

도시의 콘크리트 상자속에서 대화의 단절과 소외로 신음하면서 하루하루를 이어나가는 중생과 더불어 씨앗 키우는 작업을 할 때 진흙 속에서 피는 연꽃같이 더욱 그 가치가 빛날 것입니다.

소음과 공해의 도가니 속에서 이웃과 함께 「감추어진 여래장如來藏」을 「드러난 여래如來」로 바꾸어 나가면 깊은 산골에서 혼자 해 나가는 제련작업보다 훨씬 값질 것입니다.

설산에서 육년 고행 끝에 법신으로 다시 태어난 부처님이 맨 처음 하신 말씀도 바로 불종자에 대한 준엄한 선언이었습니다.

"기이하고 또 기이하도다. 대지大地중생이 모두 여래의 씨앗을 갖추고 있구나"

玄虎

1941년 출생
1960년 광양상백운암에서 구산스님을 은사로 득도
1979년 미국 고려사 창건
송광사 주지
서울 법련사 회주
송광사 조계총림 부방장

보시의 기쁨

결실의 계절 가을입니다. 추석을 며칠앞둔 사람들은 벌써부터 땀의 대가를 수확하는 풍요의 기쁨을 준비하느라 바쁩니다.

심은만큼 거두고 땀흘린만큼 거두는 기쁨은 삶의 보람입니다. 그래서 농부들은 그 짧은 보람의 가을을 위해 겨울 · 봄 · 여름에 충실하며 인고의 땀을 흘립니다. 씨뿌리고 김매는 봄과 여름이 없으면 가을은 무의미합니다.

이는 너무도 당연한 철리이건만 현대인들은 법칙을 외면하거나 아예 무시하는 경우가 너무 많습니다.

겨울 · 봄 · 여름을 대충보내고 가을걷이만을 챙기려는 얌체

족들의 어리석은 중생심 때문에 우리 사회에는 탐심이 넘실 거리고 온갖 부조리와 끔직한 사건들이 꼬리를 물고 일어납니다.

수확의 기쁨은 행복이란 단어와 등식을 이룹니다. 그러나 수확의 의미를 잘못알아 그 기쁨을 제대로 누리지 못하면 이는 같은 수확이라도 불행의 씨가 됩니다.

수확이란 많은 곡식을 곳간에 쟁이고, 저금통장의 수치를 높이는 물질위주의 것이 아닙니다.

옛날 어떤 장자가 공양 할 물건을 가득 싣고 주암산으로 가고 있었습니다. 이를 본 한 여자 거지가

"저 사람은 전생에 선행을 쌓아 저런 부자가 되었다. 나도 지금 공덕을 쌓지 않으면 내세에는 더욱 가난해 질 것이다."

며 간직하고 있는 동전 두닢을 아낌없이 보시 하였습니다. 이때 상좌스님이 유나에게 시키지 않고 직접 나서서 그녀를 위해 발원문을 외웠습니다.

보시를 마친 여자 거지는 기쁜 마음으로 내려오다 길에서 잠이 들었습니다. 마침 지나가던 왕이 그녀를 보고 반하여 왕궁으로 데리고가 왕비로 맞아 들였습니다.

"제가 미천한 몸으로 전하의 사랑을 받게 된것은 저를 인도해주신 스님의 덕이니 제게 시주케 해 주십시요."

왕비는 왕에게 간청하여 보물을 가득싣고 스님을 찾아갔습

니다. 그러나 스님은 유나에게 발원문을 외우게 하고는 일어나지도 않았습니다. 이상히 여긴 왕비는 스님에게 그 까닭을 물었습니다.

"부인이 동전 두닢을 보시했을 때는 오직 갸륵한 선심만이 충만했습니다. 그러나 지금은 자랑스러운 마음이 도사리고 있습니다. 불법佛法에서는 재보를 중요하게 여기지 않습니다."

경전속의 이 설화는 보시의 공덕을 가르치면서도 무주상 보시의 「값」을 강조하고 있습니다.

그러나 이 설화속에서 우리가 또 하나 주시할 점은 가난한 거지 여인이 동전 두닢을 보시하고 만끽하는 「기쁨」입니다. 그 기쁨은 비록 눈에 보이는 재물은 아니었지만 거지여인에겐 삶을 보람되게 하는 더 없이 큰 수확이었을 것입니다.

이 설화는 중생교화를 위해 그 수확의 기쁨을 왕비라는 영화로운 댓가로 그려내고 있습니다. 수확이란 손으로 만져보고 눈으로 확인하여 소유하는데만 있지 않습니다.

가난한 거지 여인의 기쁨 처럼 우리는 「마음의 수확」을 거둘 줄 알아야 합니다.

설사 재물을 크게 수확하더라도 그 기쁨을 다시 마음의 수확을 거둘 수 있는 삶으로 전환해야 수확은 행복과 등식을 이룹니다.

곳간의 곡식을 퍼내듯 베푸는 마음은 비록 퍼내지만 마음을 기쁨으로 충만케 하므로 6바라밀의 으뜸으로 꼽히는 보시는 「마음의 수확」을 거두는 지름길입니다.

"보시하면 복이 늘어나고 원수는 모두 없어지네. 선으로 말미암아 악이 제거되니 미혹이 다하여 열반을 증득하리라."

<근본설일체유부 비나야 잡사>

마음의 열반을 얻는 수확보다 더 큰 결실이 이 세상 어디에 있겠습니까. 이 가을 우리는 어떤 수확을 거둘 것인지 한번쯤 점검해 봅시다.

慧炬

1946년 출생
1959년 월정사에서 탄허스님을 은사로 득도
대원암 · 선암사 주지
1988년 금강선원 창건 · 주지(현)
탄허종사문집 편찬위원장
불교문화센터 강좌 강사

참나

참선을 하는 사람은 삼매 수행을 통해 얻은 공덕을 중생에게 회향하겠다는 맹세를 세우고 참선을 해야 합니다. 공부하기 전에 공부를 이루어 맹세코 중생을 제도하겠다는 서원이 반드시 우선 되어야 한다는 가르침입니다.

사실상 사바세계는 중생이 사는 세계이니, 맹세코 모든 중생을 제도하겠다는 원을 일으켜야 됩니다.

참선을 해도 진전이 없는 것은 서원이 확고하지 않아서 그렇습니다. 원이 간절하면 방법은 찾아내게 되어 있고, 길은 스스로 찾게 되어 있습니다.

각자 자기의 원을 돌이켜 봅시다. 우리는 중생을 건지겠다는 원을 세워서 내 업장을 소멸하고, 내가 지금 살고 있는 것보다 향상되고자 하는 자기성취를 이루고자 발심해야 합니다. 그리고 중생을 위해 그 성취 된 것을 중생에게 돌리겠다는 발심을 해야 합니다.

사람들은 지식을 이룬 후 자기를 보존하기 위해 그 지식을 쓰나, 참선하는 사람은 나를 이루거나, 원이 성취된 후 성취 된 것을 중생을 향해 회향해야 됩니다.

참선을 하기 전에, 자신만을 위해 해탈을 구하지 않겠다는 마음을 가져야 됩니다. 자기의 일신을 위하여 해탈을 구하지 않는다는 것은, 세상 사람은 자신을 위하여 부자가 되려고 하지만 참선자는 남을 위해 부자가 되겠다는 마음을 가져야 된다는 것입니다.

불교를 배우고자 불문에 든 사람은 해탈을 구하고자 부처님 제자가 되었습니다.

무엇이 해탈되어야 하겠습니까?

나를 얽매는 것이 무엇입니까?

우리는 대부분 가족에게 매이고, 가족에게 무엇보다도 집착합니다. 가족을 위한다는 것은 외형적으로 볼 때이고, 결국은 자기를 위하여 집착합니다. 이것을 아는 것도 성공입니다.

가족에 대한 집착이 자신에 대한 집착입니다. 가족에게 얽매이는 것이 결국은 자신에게 얽매이는 것입니다. 가족을 위한다고 가족을 불편하게 해서는 안됩니다. 나를 위해 가족을 편안하게 해야 된다는 것을 알아야 됩니다. 가족을 위해 희생된다고 생각한다면, 그것은 바르게 본 것이 아닙니다.

우화등선羽化登仙 이는 도교에서 말하는 가장 이상적인 경지입니다. 사람에게 날개가 생겨, 즉 신선이 되어 선계仙界로 가는 것인데, 이를 도교에서는 이상의 경지로 여겼습니다. 사람에게는 새가 되어 날아가고 싶은 욕구가 있는데, 날개가 없어 날 수 없지만, 어느 경지에서는 날개가 생겨 선계로 날아 올라갈 수 있다는 것입니다.

그러나 불교의 해탈은 우화등선羽化登仙을 이루는 것이 아니라, 나를 잡고 있는 5욕의 쇠사슬에서 벗어나는 것입니다.

욕심이 없다고 해탈이라고 할 수는 없습니다. 욕심을 부려도 안 될 것 같으니 욕심을 내지 않는 것이 아니라, 잡으면 내것이 될 것인데 잡고자하는 욕심을 내지 않는 것이 해탈입니다.

권력도 그렇고 명예도 그렇습니다. 그 자리에 오를 수 없으므로, 처음부터 가능하지 않아 포기한 것이지 매사에 욕심이 없는 것이 아닙니다. 그 자리가 가능하게 앞에 있어도 욕심이 생기지 않는 것이 해탈입니다. 욕심을 부리면 채울 수 있는 자리에서 욕심을 부리지 않는 것이 해탈이지, 가능성이 없어 욕심 내지 않는 것은 해탈이 아닙니다.

사람들은 자신이 5욕을 성취하기 위해서 산다고 생각합니다. 그 사고방식으로 하여 끊임없이 온갖 죄악이 수반되는 것입니다. 온갖 죄악을 현실적으로나 마음속으로 끊임없이 짓게 됩니다.

5욕을 벗어버리면 해탈입니다. 5욕을 벗어버리기 위해서 인식을 바꾸어야 합니다. 인간은 충족없이 살 수 없으므로, 5욕의 충족을 지식의 충족으로 바꾸어야 됩니다. 그리고 지식이 충족되고 난 다음에 법열法悅을 느낄 때에, 지식을 얻은 것보다 더 즐거워집니다.

5욕이 지식욕으로 바뀌고, 그 지식이 법열로 바뀌고, 그리고 법열마저 없어지면 해탈입니다. 5욕을 향해 갈 때 장애가 따릅니다. 내 욕심을 추구하면 반드시 장애가 따르고, 장애는 고통으로 이어집니다. 지식을 성취하여 법열을 얻어 모든 집착을 버리면 장애가 없어지고 고통이 없어집니다.

나를 성취하고, 중생을 제도하겠다는 원력을 세우고 참선에 들어가야 합니다. 또 일신一身만을 위하여 해탈하지 않겠다는 발심을 하고 참선에 들어가야 합니다. 이러한 마음이 일어나야 참선의 준비가 된 사람입니다. 이것이 참선하려는 사람의 전제입니다.

참선에 들어가기 이전에 참선을 위한 사전 준비가 필요하다는 〈좌선의〉가 일반화 되어야겠다는 생각에서 『참 나』라는 책을 쓰게 되었습니다.

1장章에서 참선하는 사람을 반야보살이라고 한 것은 참선공부를 하는 사람을 최상의 지혜를 가진 보살도를 성취할 사람으로 본 것입니다.

참선자는 반야보살을 꿈꾸는 사람입니다. 참선을 꼭 하고 싶다면, 정수삼매를 꼭 이루고 싶다면, 반야보살이 되고자 하는 대발심이 먼저 있어야 되겠습니다.

혜수 범어사 연수국장

윤달 가사불사의 공덕

올해는 윤달이 3년도 되기 전에 찾아왔습니다.

윤달은 일반적으로는 음력으로 계산하여 19년동안 일곱 번 공달을 넣어 책력과 계절을 일치시킵니다. 흔히 이런 윤달을 공달이라고 하는데, 일 년 중 한 달이 더 있는 달을 말합니다.

그래서 인간을 관장하는 신이 1년 열두 달 중 윤달은 가외로 있는 달이기 때문에 휴식을 취하므로 인간의 길흉화복을 상관하지 않는다고 합니다. 집안의 수리나 이사를 하기도 하고 특히 결혼식 날짜를 많이 잡는 다고 합니다.

또한 이때 수의를 만들어 놓으면 무병장수를 한다하여 많이

들 만들기도 합니다. 그래서인지 절에서도 이런 윤달이 오면 가사불사를 많이 하여 나눠 주게 되는데, 아마 부정이 없는 깨끗한 달에 가사를 만들어 스님들께 공양을 올리면 마장장난 없이 빨리 성불해서 우리들을 제도해 주십사 하는 바람에서 가사불사를 하는 것이 아닌가 생각됩니다.

가사는 흔히 스님들이 입는 옷을 말합니다. 의식을 할 때나 중요한 일을 할 때 수하는 옷입니다. 처음에는 사람이 내버린 옷이나, 죽은 사람의 옷을 주워 이리저리 기워 만들어 입었는데, 지금은 옷감이 흔해서인지 다양하게 만들어 입습니다.

부처님 당시에는 옷 잘 입는 것이 부의 상징이었습니다. 지금 시대에 좋은 차를 가지고 있는 것과 같습니다.

부처님도 처음 출가하실 때에는 화사하고 좋은 옷을 입었는데 그런 옷을 입고는 수행하기 어려움을 아시고 옷을 벗어 던지고 사냥꾼의 옷과 바꿔 입으셨습니다. 손수 머리를 잘라 출가자로서의 마음을 다지셨습니다.

부의 상징인 옷을 벗어 버리고 신분을 낮춰 생활 한다는 것은 그리 쉽게 할 수 있는 일은 아닐 것입니다.

이것은 세속 모든 욕망을 버리지 않고서는 도저히 할 수 없는 일인 것입니다.

마음 속에 욕망을 버리지 않고서는 입지 못하는 옷이라 이름도 다양하게 있습니다. 가사를 무구의無垢衣라 하기도 합니다.

무구의란 더러움이 없는 옷을 말합니다. 더러움이 없다는 말은 마음 속에 온갖 욕망과 더러운 생각이 없이 맑고 순수한 영혼을 가지고 있다는 뜻도 될 것입니다.

또한 공덕의功德衣라 하기도 하고, 복전의福田衣라 하기도 합니다. 공덕의란 스님들이 이 옷을 입고 견성성불見性成佛하여 중생을 이끌어 준다는 뜻에서 공덕의라 하고, 복전의란 중생들이 복을 지을 수 있는 밭이라는 뜻입니다. 비구를 흔히 복을 짓는 밭이라 하여 복전이라고 합니다.

그리고 해탈의 옷이라 하기도 하는데 세상의 욕망과 번뇌에서 벗어난 대자유인들이 입는 옷이라는 뜻입니다.

또한 시체의 옷을 주어 기워 입고 버린 옷을 가지고 옷을 마들어 입는다는 것은 자신을 낮추고 다른 사람을 존중해 준다는 뜻이 숨어 있습니다. 이것은 불교에서 말하는 보살의 행을 실천하는 사람이라는 뜻입니다.

보살이란 성불하기 위해서 열심히 수행하고 착하고 좋은 일을 많이 하는 사람을 일컫기도 하지만, 성불하고 난 후 중생의 삶 속에 다시 들어가 어리석음을 깨우쳐주어 하루빨리 고통의 세계에서 벗어날 수 있도록 인도해 주시는 관세음보살과 같은 분을 일컫기도 합니다.

또한 가사를 짓는 공덕이 있는데, 그 첫 번째는 그릇된 생각을 하고 그릇된 행동을 행한 사람이라도 정성껏 가사를 존중하면 다음에 부처가 될 수 있는 수기를 받는다고 합니다.

수기란 부처님께서 우리 중생에게 반드시 내생에는 부처가 된다고 하는 인가입니다. 그리고 두 번째는 하늘, 용, 인간, 귀신 등이 가사를 공경하면 깨달음을 얻을 수 있는 정진의 힘을 얻을 수 있다고 합니다. 세 번째는 중생들이 조그마한 조각의 가사를 얻더라고 음식이 풍족하여 굶는 일이 없다고 합니다.

네 번째는 가사의 공덕을 일념으로 생각하면 자비심이 충만해지고 다섯 번째는 만약 전쟁이 일어난 전쟁터에서 가사를 지니고 있으면 목숨을 잃지 않는다고 합니다. 이렇듯 가사의 공덕이 적지 않다고 합니다.

慧恩

1942년 출생
1962년 월선스님을 은사로 득도
1980년 법무부교화협의회 부회장
1992년 미얀마 양곤 국립불교대 철학박사
시대불교신문 발행인(현재)
조계종 상임포교사
서울마포 혜은정사 주지

아인슈타인과 연기법

세계적 물리학자 아인슈타인박사는

"자연의 질서를 통해 스스로를 드러내는 절대자는 결단코 주사위 놀이를 하지않는다."

라는 명언을 남겼습니다. 그에 따르면 악한 사람을 착하게, 어리석은 사람을 지혜롭게 다시말해 중생을 성인으로 바꾸는 것이 종교의 목적일진대, 절대자가 심심풀이로 주사위를 던져 개인 민족 혹은 국가의 중대사를 결정해서는 안되고 또한 그러한 절대자는 있지도 않다는 것입니다.

제2차 세계대전이 끝나고 유태인들이 중동지방에 국가를 건

립할때 아인슈타인에게 대통령직을 맡아 달라고 요청했습니다. 그는

"사람사이의 일보다 자연의 일에 더 흥미를 느낀다."

면서

"우주라는 책을 대할 때 마다 자연의 오묘함에 경외감을 느낀다." 라고 말했습니다.

그가 주장한 상대성 원리는 단순한 과학법칙이 아니라 관계의 논리입니다.

「이것이 있으므로 저것이 있다.」는 연기법緣起法이 바로 관계성에 입각한 원리입니다.

비록 그는 내세운 불교인은 아니지만 자연의 이치인 연기법칙을 포착, 모든 존재가 윤회의 소용돌이내에 있음을 간파한 종교가였습니다.

부처님의 가르침은 아인슈타인의 「상대성 원리」등 현대물리학에 의해 새삼스레 시공時空의 초월성과 현대적 의의가 입증됐습니다. 다시금 모든 존재의 평등성과 존엄성, 그리고 실상의 도리를 깨우쳐 주신 부처님께 경건한 마음으로 합장 올립니다. 〈법구경〉에는

"남의 잘못은 보기 쉬워도 자기 잘못은 보기 어렵다."

라는 귀절이 있습니다. 타인의 잘못을 꼬집어 내는 것, 남을 해치는 것은 결국 자기를 해치는 것이요 남을 돕는 것은 바로 스스로를 돕는 것입니다. 왜냐하면 남에게 준 피해는 연기법에 의거, 돌고 돌아 자신에게 되돌아 오기 때문입니다. 선인善因을 심으면 선과善果를 얻고 악인惡因을 뿌리면 악과惡果를 거두는 법입니다.

그런데도 매사에 시비是非를 분별해 자기는 옳고 상대방은 틀리다면서 자기 의견을 고집한다면 그는 결코 연기법을 알 수 없을 것입니다. 설령 자기가 옳다고 해도 목소리를 높일 필요는 없습니다. 왜냐하면 악뿐 아니라 선도 또한 대승적 견지에서 보면 다른 형태의 업이기 때문입니다.

그래서 육조六祖스님은

"선도 생각말고 악도 생각말라. 不思善不思惡"

고 말씀했습니다.

자기견해를 고집하지 말고 사심없는 마음으로 상대방 입장에서 바꾸어 생각하고 나보다 앞서 이웃 · 사회 · 민족을 위한다면 그는 진정 지혜의 눈이 열릴것입니다.

사람마다 자신과 가족의 이익과 안락을 위해 손쉽게 남을 해치는 현대사회라 할지라도 시비분별을 접어두고 바다같은 마음으로 하루하루 이타행利他行을 행한다면 자기마음속 「자비의 등불自燈明」은 더욱 밝아질 것입니다.

오늘날 사람들은 생활의 방편으로 종교를 팔고 종교라는 미명아래 탐욕과 아집으로 자기 주장만을 내세우고 있습니다. 이런 혼탁한 사회이지만 광대한 마음, 으뜸가는 마음, 전도되지 않는 마음, 곧 보살의 마음으로 우리 불자들은 척박한 이 땅에 「진리의 등불法燈明」이 되어야 합니다.

수천마디 말보다도 먼저 솔선수범하는 것이 마땅히 취해야 할 우리 불자의 자세입니다.

육신의 때는 맑은 물로 씻어버리고 마음의 때는 불법이라는 생명수로 세척해 더러움에 물들지 않는 이 사회의 연꽃, 이 시대의 파숫꾼이 되어야 합니다.

慧慈

1952년 출생
1967년 청담스님을 은사로 득도
조계종총무원 문화부장
삼각산 도선사 주지(현재)

죽음앞에 서서

죽음은 누구도 피할 수 없는 사실입니다. 삶과 죽음의 문제를 해결하기 위해 부처님은 사바세계에 태어났고 출가했고 정진 끝에 성불했고 45년간 설법했습니다. 우리는 목전의 이익에만 정신을 빼앗겨 생사 문제엔 관심을 두지 않습니다. 병들어 병원에 입원하고서야 비로소 죽음을 두려워하며 절망합니다.

사람들은 대부분 '어떻게 기도를 해야 부자가 되느냐 자식들 좋은 대학에 보내느냐' 에만 골몰합니다.

부처님이 중생들을 위해 설한 가르침은 이처럼 지엽적인 것이 아니라 생로병사의 고해를 벗어나는 근본적인 방법입니다.

가을이 오면 온 산이 단풍으로 물들어 아름다움을 자랑하지만 단풍놀이는 잠깐이요 금세 적막강산의 겨울이 찾아옵니다.

세속적 부귀영화도 이와 같습니다. 문명의 이기가 우리의 고민을 해결해 주진 못합니다. 이번 생生만이 생이 아닙니다. 다람쥐 쳇바퀴 돌 듯 끊임없이 육도를 윤회하며 욕망하고 좌절하다가 끝내 불행해지고 마는 것이 우리 중생의 삶입니다.

모든 번뇌로부터 자유로워져 생사를 해탈하고 영원한 생명인 불성을 회복해야 합니다.

옛 선지식들의 말씀에 의하면 해탈 성불에는 몇 가지 단계가 있습니다. 바로 지무생사知無生死 계무생사契無生死 용무생사用無生死입니다.

'지무생사' 는 생사가 본래 없음을 아는 것입니다. 사람이 죽으면 육신은 지수화풍地水火風 사대四大로 돌아갑니다. 색수상행식色受想行識 오온五蘊에 의한 정신 작용도 흩어집니다. 결국 본래 없는 것입니다.

고대 중국의 사상가 장자는 아내가 죽자 장구를 치며 노래를 불렀습니다. 문상 온 친구가 그의 어처구니없는 처신을 나무라자 장자가 말합니다.

"곰곰이 생각해보게. 원래 생은 없었던 것이요 형상도 없었던 것이요 기운도 없었던 것이네. 어떤 흐릿하고 황홀한 무언가가 시절인연을 만나 기운이 되고 형상이 생기고 형상이 변해

생이 생겼고 다시 생이 변해 죽음으로 가는 것이네. 아내는 하늘과 땅사이에 편안히 누워 있을 뿐인데 내가 통곡한다면 천명을 모르는 것처럼 여겨지지 않겠는가."

생사가 둘이 아님을 강조하는 장자의 투철한 생사관을 엿볼 수 있는 일화입니다.

'계무생사契無生死'는 생사가 없다는 깨달음을 일상생활에서 실천하는 것입니다. 생사가 없다고 입버릇처럼 떠드는 사람도 막상 자기에게 죽음이 닥치면 막막한 공포를 느끼기 마련입니다.

근현대 한국불교의 중흥조인 경허스님은 일찍이 경전을 통달해 23세에 동학사 강사가 되어 학인들을 가르칠 정도로 명석했습니다.

어느 날 경허스님이 만행을 하다가 소나기나 내리자 근처 마을에서 하룻밤 묵기를 청합니다. 하지만 집집마다 번번이 거절하며 스님을 내쫓았습니다. 이 마을에 지독한 전염병이 돌아 스님을 모실 수 없었던 것입니다. 전염병이라는 말을 듣자마다 경허스님의 온몸엔 소름이 돋았습니다. 이내 스님은 수치심을 느꼈습니다.

경전 공부를 통해 생사 일대사一大事의 문제를 풀었다고 자처하면서도 정작 죽음 앞에서 한없이 작아지는 자신에게 실망한 것입니다. 이로 인해 발심을 다시 일으킨 스님은 절에 돌아와 방문을 걸어 잠그고 면벽 정진해 마침내 정각을 이루었습니다.

'용무생사用無生死'는 삶과 죽음을 자유자재로 하는 경지입니다. 오로지 중생제도를 위해 일부러 태어나고 일부러 죽는 경지입니다.

부처님이나 보살들의 삶이 이에 해당합니다. 중생들이 부처님의 말씀을 믿지 않고 무명이란 독에 파묻혀 신음하는 것을 보고 부처님은 일부러 열반했습니다. 이는 진실로 돌아가신 게 아니라 방편으로 보였을 뿐입니다.

생사의 본질을 깨닫고 이상적인 삶을 사는 것은 비단 옛 사람이나 불보살에 한정되지 않습니다. 지금 여기에서 우리들이 이행해야 할 과제입니다.

먼저 부처님 가르침에 대한 확고한 신념을 가져야하고 믿음이 자랄 토양, 곧 지혜를 다져야 합니다. 그리고 열매는 맺을 수 있도록 정진과 노력이 겸비돼야 합니다.

믿음은 내가 뿌리는 씨앗이요 지혜는 밭가는 가래이며 신구의身口意 삼업三業을 없애는 것이 김매는 일입니다. 부단한 노력으로 생사 문제를 해결해 참다운 행복을 누리시기 바랍니다.

慧淨

1933년 전북 정읍 출생
1953년 예산 수덕사에서 금오스님을 은사로 득도
1977년 조계종 총무원장
2003년 조계종 원로회의 의원
2005년 조계종 법계위원장
법주사 회주

무상한 인생

부처님께서 성도하시고 신은 없다고 선언하셨습니다. 그 당시 인도는 수많은 신들이 결집된 신의 천국이었다고 봐도 과언이 아닌 시대입니다.

지구상에 약 300종류의 종교가 공존하고 있습니다. 그중에서 유일하게 불교만이 신을 철저하게 부정하는 무신론적 종교로 남아있습니다. 우리는 여기에서 불교는 인간 중심의 종교라는 것을 다시 한 번 인식해야 합니다.

인간의 실체는 육신과 마음 두 가지로 구성되어 있습니다. 육신은 숨 한번 들이쉬었다가 내뱉지 못하면그 자리가 바로 저승이요 죽음입니다.

옷을 벗기고 찬물에 몸을 깨끗이 씻겨서 수의를 입히고 새끼줄로 꽁꽁 묶어서 관 속에 집어넣습니다. 그 관을 상여에 올려놓고 다비장으로 갑니다. 짚더미처럼 쌓아 놓은 화장 나무 위에 관을 내려놓고 불을 지릅니다. 약 4시간 이상을 훨훨 타고 나면 쌓였던 화장 나무도, 관도, 그 곱던 얼굴도, 딱딱한 뼈도 다 타 버리고 아무것도 남는 것이 없습니다.

남는 것이 있다고 하면 아직 으스러지지 않고 있는 뼈의 숯덩어리 몇 개입니다. 다비장 주위의 싸리나무 두개를 약 50cm 길이로 꺾어서 그걸 젓가락 삼아 숯을 줍습니다. 널따란 곳에 쏟아놓고 큼직한 돌멩이로 곱게 빻습니다. 밀가루 같이 빻아진 이 뼛가루를 한약봉지 4장을 마련해서 똑같이 넣습니다.

그것을 산이나 들이나 물가에서 동, 서, 남, 북 사방을 향해 뿌립니다. 뼛가루를 담았던 4장의 한지도 불에 태워 버립니다. 한 인간이 이 세상에 왔다간 자취가 아무것도 없습니다. 있다고 하면 오직 허공虛空만이 남겨집니다.

이게 바로 우리 인간의 육신이 한 생을 살다 간 결과입니다. 이게 진짜 나라고 한다면 이같이 공으로 돌아갈 리가 없습니다. 그러면 어느 것이 진짜 나입니까?

이 육신을 끌고 다니는 한 물건이 있습니다. 그게 진짜 나입니다. 그것을 진아眞我라고 합니다. 그것을 우리는 통칭 마음이라고 부르고 있습니다. 그러면 마음은 어떻게 생겼습니까? 형상도 없고 모양도 없습니다. 그러면 마음은 어느 곳에 있습니까. 마음이라고 하는 물건은 '있다', '없다'라는 개념을 초월한 물건입니다.

형상도 없는 이 물건을 어떻게 찾아서 깨쳐야 되겠습니까?

옛 조사들이 말씀하시기를, '마음을 가지고 마음을 잡으려고 하면 영원히 깨칠 수가 없다'고 했습니다. 물은 모든 물건을 다 씻어주고 적셔 줍니다. 하지만 물이 물 자체는 씻을 수가 없는 것과 같습니다.

마음은 마음으로 찾을 수 없는 것이 바른 원리입니다. 진짜 나를 확인하는 부처의 마음을 찾아가야 한다는 것이 바로 부처님의 말씀이요, 재가신도나 출가자의 본분사입니다. 이것을 찾아서 확인하지 못하면 우리는 영원히 타향살이입니다. 마음의 고향을 찾지 못하고, 그 주위를 빙빙 돌며 영원한 이산가족, 영원한 거리의 객이 되고 맙니다.

慧昌 대구남부 포교원장

1946년 출생
1958년 직지사에서 녹원스님을 은사로 득도
1984~88년 직지사 주지
1988~92년 대구포교원 원장
조계종 총무원 호법부장
1996년 동 총무부장
대구 서부포교원 원장

명예로운 명예

옛 속담에 「호랑이는 죽어서 가죽을 남기고 사람은 죽어서 이름을 남긴다.」고 했습니다. 빈손쥐고 왔다가 빈손쥐고 가는 인생에서 이름만큼 소중한 것이 없다는 뜻에서 생긴 말일것입니다. 그래서 옛부터 사람들은 자기의 이름을 깨끗이 보전하고 명예를 지키기 위해 죽음조차 마다하지 않았습니다.

그러나 명예란 무조건 빛내려고만 한다해서 빛내지지 않습니다. 그에 합당한 노력이 뒤따라야 합니다. 그것은 어떤 의미에서 큰 희생입니다.

승려로서 노벨평화상을 수상한 티베트의 달라이 라마의 예가 이를 잘 말해줍니다. 그는 중국의 강제 티베트 합병에 반대해 30여년 이상을 비폭력 독립운동에 헌신해왔습니다. 그것은 한마디로 말해 고통의 길이었습니다.

달라이 라마는 굳이 그같은 고통의 길을 걷지 않아도 됐을 처지에 있었습니다. 중국과 적당히 타협만 했다면 그의 고난은 훨씬 줄어들 수 있었고 편안한 생활을 할 수 있었습니다.

하지만 그는 편안한 길을 택하지 않았습니다. 티베트의 완전 독립과 자유로운 종교생활은 그의 이상이자 티베트 민중의 이상이었습니다.

그는 그 이상을 포기 할 수 없었고, 그것을 위해 스스로 고통의 길에 나섰습니다. 따라서 달라이 라마에게 인류가 제정한 최고권위의 노벨 평화상이 돌아간 것은 당연합니다. 노벨상은 그의 고통에 대해 세계의 이웃들이 줄 수 있는 최소한의 보답이라 할 수 있습니다.

이처럼 명예란 지닐만한 사람이 지닐 때 더없이 명예로운 것이지만 그렇지 못한 사람이 욕심부릴 때는 더없이 추악해집니다. 자격도 없는 사람이 남보다 높은 윗자리에 앉으려고 한다든가 업적도 없는 사람에게 명예를 수여한다면 그것처럼 볼썽사나운 꼴도 없습니다.

그런데도 세상에는 자기 분수를 모르고 허망된 명예에 매달려 사는사람이 수없이 많습니다. 신문에 이름 한 줄, TV에 얼굴 한 번 비치면 마치 세상에서 가장 명예로운 사람이 된 듯 으시대는 것입니다. 좀 지나칠지 모르지만 이렇게 으시대는 사람치고 그 이름에 걸맞는 인격이나 덕행德行을 갖춘 사람은 없다고 해도 좋습니다.

공부도 하지 않은 사람이 외국에서 무슨 수로든 박사학위를 들고 들어 온다든가 능력도 없는 사람들이 이 이름을 얻기 위해 죽자살자 덤비는 모습은 아무리 이해하려고 해도 아름답지 못합니다.

부처님은 〈사십이장경四十二章經〉에서 이렇게 말씀하셨습니다.

"사람들이 정욕을 따라 아름다운 이름을 구하는 것은 마치 향을 피우면 사람들이 그 향냄새를 맡게 되는데 그 향속에 불이 타고있는 것과 같아서 몸을 위태롭게 한다."

다시 말해 명예를 탐하다가 보면 오히려 그로 인해 패가망신敗家亡身의 원인이 된다는 충고입니다.

명예란 얻고 싶다고 얻어지는 것이 아닙니다. 억지로 얻으려고 할 수록 참다운 명예는 멀어지고 더러운 이름만 가까와질 뿐입니다. 참다운 명예를 얻는 방법은 부처님의 가르침에 따르는 길 뿐입니다.

"깨끗한 행동을 하면 이름을 얻고, 보시를 행하면 큰 재물을 얻는다. 진실하면 덕망이 높아지고 은혜로우면 착한 벗을 얻는다."

〈명칭경〉에 있는 말씀입니다.

명예란 결국 이름 석자에 불과한 것입니다. 이름 석자 남기기 위해 큰바위에 석각石刻까지 하는 사람이 있지만 남이 기억해주고 훌륭하게 여겨주지 않는 이름이 무슨 의미가 있겠습니까.

부처님은 표창장 하나 받지 않은 분이지만 열가지의 명예로운 이름如來十號이 오늘까지 전해져오고 있습니다.

명예는 주면 받되 먼저 받으려고 손을 내밀 일은 아닙니다. 더러운 명예욕 때문에 추잡한 일도 서슴치 않는 일은 더더욱 할일이 아닙니다.

慧聰

1945년 출생
1956년 통도사에서 보경스님을 은사로 득도
사회복지법인 불국토 대표이사
용호 종합사회복지관 관장
전 석림동문회 회장
부산 감로사 주지
조계종 포교원장(현재)

수행자의 마음

불교를 신信 · 해解 · 행行 · 증證의 가르침이라고 합니다. 아무리 부처님의 가르침을 믿고 이해한다고 해도 자기 자신이 몸소 수행을 통해서 자신의 믿음과 이해의 세계를 승화시켜 나가지 못하면 절대로 억겁동안 쌓여진 미혹을 대광명으로 비추어 타파할 수 없다는 것입니다.

단순히 믿고 이해하는 데 그치면 그 또한 지식의 업장이 되어 나의 길에 하등의 도움도 되지 못하는 장애가 될 뿐입니다. 그 신심과 이해를 닦고 또 닦는 간절한 인고의 세월을 통해 보배로 만드는 지혜로운 실천과정이 있어야 마침내 구경을 증득

할 수 있습니다.

이 불교의 수행체계야말로 그 어떤 종교에서도 보기 힘든 수승한 체계가 아닌가 합니다.

일찍이 원효 스님이 후학들에게 간곡히 당부하신 〈발심수행장發心修行章〉은 천년의 세월에도 깊은 감동으로 다가옵니다. 소납은 눈 푸른 시절부터 지금까지 원효 스님께서 쓰신 〈발심수행장〉을 스승삼아 가까이 하고 삽니다. 구절구절이 모두 수행자의 뼈와 살이 될 소중한 양식이라 버릴 것이 없지만 그 중 몇 구절을 감히 옮겨봅니다. 함께 새겨서 원효 스님의 대자비에 보답하고 제불보살님과 인천人天의 대중들이 모두 기뻐하는 수행자가 되어야 하겠습니다.

"달콤한 음식을 먹어 사랑으로 기를지라도 이 육체는 반드시 허물어질 것이며, 부드러운 옷을 입어 지키고 보호하더라도 이 목숨은 필연코 마침이 있을 것이다. 메아리가 울리는 바윗굴을 염불하는 불당으로 여기고, 애처로이 우는 기러기 소리를 기쁜 마음의 벗으로 삼으라."

"절하는 무릎이 얼음같이 시리더라도 불기운을 그리워하는 마음이 없어야 하며, 주린 창자가 마치 끊어지듯 하더라도 음식을 구하는 마음이 없어야 한다. 1백년도 잠깐인데 어찌 배우지 않는다 말할 것이며, 한평생이 얼마나 되건대 수행하지 않고 놀기만 할 것인가."

"세간의 시끄러움을 버리고 천상으로 오르는 데는 계행戒行이 훌륭한 사다리이다. 그러므로 계행을 깨트린 이가 남을 위하는 복밭福田이 되려는 것은 마치 날개 부러진 새가 거북을 업고 하늘로 오르려는 것과 같으니, 스스로의 죄업을 벗지 못한 이는 다른 이의 죄업을 풀어줄 수 없다. 그러니 계행이 없는 이가 어찌 다른 사람의 공양을 받을 수 있겠는가."

"부서진 수레는 구르지 못하듯이 늙은 사람은 수행할 수 없으니 누우면 게으름과 나태만이 생기며 앉아 있으면 난잡한 의식만 일어난다. 몇 생을 수행하지 않고서 헛되이 밤낮을 보내었으며, 이 빈 몸은 얼마를 살 것이건데 한 평생 수행하지 않는가? 몸은 반드시 끝마침이 있으니 내생에는 어찌할 것인가? 다급하고도 다급한 일이 어찌 아니겠는가?"

사람은 누구나 지나고 나면 후회하는 습성이 있습니다. 몸에서 더운 기운이 차오르는 젊을 때는 우리의 삶이 영원하리라 착각하면서 삽니다.

이 삶이 하루하루 죽어가고 있다고 해도 그런 줄 알면서도 영원할 줄 아는 그 착각 속에 빠져 온갖 애욕에 탐착해 벗어날 줄 모릅니다.

선근종자는 이를 바로 알아차리고 가야 할 길을 다잡아 가지만 그렇지 않은 사람은 한순간도 번뇌로부터 자유롭지 못합니다.

우리는 우리의 존재를 직시할 줄 알아야 합니다. 달콤한 유혹은 바람 같고 구름 같이 스쳐지나간다는 진리의 말씀에 귀 기울이고 사람의 몸을 받은 이 한 몸의 인연이야말로 급하고 급한 인연임을 절실히 느껴야 합니다.

착각은 자유이지만 그 착각이 진정으로 나를 자유롭게 하는 도반이 되지 못한다는 사실을 바로 알아야 합니다

속인들은 법복을 걸친 수행자를 보고 안됐다는 시선으로 볼지 모르지만 우리 납자는 행운아입니다. 그야말로 천만다행으로 인간의 몸을 받았고, 다시 부처님을 시봉하여 윤회의 사슬을 벗어날 행운을 잡았으니 이 어찌 복된 인생이 아닙니까?

복된 몸을 받았으니 이 복된 삶을 더 큰 이익으로 회향할 수 있어야 하겠습니다.

세월을 허송하면서 참된 수행자로 살지 못한다면 어느 좋은 시절을 만나 갠지스강의 모래알보다 많은 무수한 부처님과 보살님의 은혜를 갚을 수 있겠으며 어찌 지옥고를 벗어날 수 있겠습니까?

원효 스님의 말씀대로 계행과 지혜를 수레의 두 바퀴와 같이

겸비하여 온 몸으로 수행에 힘쓰는 대장부야말로 좋은 시절을 만나 일체 제불보살님을 기쁘게 해드릴 수 있을 것이며 자기도 이롭고 남도 이롭게 할 것입니다.

불교는 이렇든 오로지 나의 문제입니다. 내 한 몸을 어떻게 잘 갈무리하느냐 하는 데 불교의 전체가 융섭되니 내 한 몸은 참으로 소중한 것입니다. 내 한 몸의 존재가 이 세상의 복전이 되어야지 세상의 업장이 되어서는 안 됩니다.

매일 한 순간, 한 순간 내 한 몸을 찬찬히 관하면서 잘 지키고 지혜롭게 거두어가면 그것이 바로 지계요, 큰 참회입니다.

수많은 선지식이 부처님 앞에 머리 조아려 흘린 땀이 그 얼마이며 제불보살의 가없는 발원이 그 얼마입니까?

우리 또한 그 길을 당당히 걸어가니 시절인연이 멀지 않았습니다.

花郎 부산 범어사 포교국장

출가정신의 되새김

3월은 겨울의 긴 침묵을 깨뜨리는 새로운 출발점입니다. 산꼭대기의 샘에서 시작한 물줄기가 녹아 내리고 시냇물과 강물이 온 땅을 적시며 대해로 힘차게 나아가는 새로운 시작의 달입니다.

3월은 매년 되풀이 되지만 올해 3월에는 출가재일과 열반재일이 있어서 이 출발이라는 의미를 더욱 깊게 음미할 수 있을 것 같습니다.

〈금강경〉에 이런 말이 있음을 기억합니다

보시를 함에 있어서 상에 집착하지 않는

그 복덕의 공덕은 생각으로 헤아리기 어렵다.

不住於相布施

其福德不可思量

세상을 살아가는데 있어서는 늘 너와 나의 세계라는 상대성을 갖게 되는데 부주어상不住於相이라는 표현은 바로 이「상相」을 어떻게 지혜롭게 대처해 나갈 수 있을 것인가 하는 해결점이 됩니다.

부처님께서 출가 하셨을 때 그 출가의 의미는 바로 이 세상을 살아가며 대하는 수많은 인연 즉 이 「관계」를 어떻게 판단하며 살아가며 그것을 해결할 영원한 진리를 찾아 출가하셨습니다.

그리고 결국 그 깨달음의 내용을 국가와 부모를 위해 형제와 이웃을 위하여 가비라성으로 돌아가 그들을 위해 진정한 떠남의 지혜를 설하셨던 것입니다.

그래서 출가는 지금까지의 구태의연한 인생으로 부터의 탈출을 위한 시발점이라고 말할 수 있습니다.

이러한 새출발이 잘못된 관념, 삐뚤어진 인생, 괴로운 세상, 한많은 인생으로 점철된 사바세계를 떠나 행복이 가득한 극락세계, 대해탈 대열반의 세계로 도달하게 해주는 것입니다.

요즈음 우리들 주위는 백화점의 사기판매, 땅투기, 노사문제 등 서로간의 갈등과 불신을 팽배케 하는 여러 요인이 발생되고 있습니다.

농촌은 상업주의의 발달로 상대적인 가난을 면치 못하고 있으며 농촌 총각은 장가들기가 어려울 정도로 처녀들의 농촌기피현상이 심각한 문제로 대두되어 근년에는 동남아 여러 국가에서 신부감을 데려와 국제결혼을 하는 것을 흔히 볼 수 있습니다.

또한 농약의 공해로 손마디가 구부러지는 등 자신들의 건강마저 돌보지 못하게 되어 버렸습니다.

도시는 도시대로 특정재벌을 제외한 대다수의 시민들이 경제 불균형의 구조로 인해 실업자의 속출, 중소기업의 파산, 저임금에 따른 생산난에 허덕이고 있는 실정입니다.

그러다 보니 농민들은 십수년간 지켜온 땅에 염증을 내기 시작했고 도시빈민들은 절대적 빈곤속에 있는 자에 대한 저항감을 표시하기에 이르렀습니다.

이러한 현상은 진정 누구의 책임일까요? 이것은 서로간의 불신과 대립등 바른 연기관緣起觀을 갖지 못하고 「나」는 「나」고 「너」는「너」라는 개인주의의 「상相」에 집착해 있기 때문이라고 생각됩니다.

서로가 서로의 입장을 헤아려 농사짓는 이에겐 거기에 합당

한 값을 쳐주고 노동력을 사용한 사용주는 근로자에게 알맞은 노동력의 댓가를 지불해야 마땅할 것입니다

상불경보살이 상대가 누구이든 부처님같이 대해 절하고 공경하라고 했듯이 우리가 부주어상 보시不住於相 布施의 정신으로 세상을 대하면 진정 봄이 가까이 오는 소리를 들을 수 있을 것입니다. 그것이 곧 부처님의 출가정신이기도 한 때문입니다.

黃山 진주 義谷寺 주지

대한불교감로 심장병 후원회 회장

救病의 공덕

「가없는 중생을 구원하겠다.」는 사홍서원四弘誓願의 첫대목은 모든 부처님이 공통으로 가지는 총원總願입니다. 그리고 이것은 부처님의 뜻에 따라 살기로 한 불자들이라면 누구나 거부해서는 안 될 부처님의 유지遺志이기도 합니다.

부처님은 중생들을 구원하기 위해서 여러 가지 메시지(방편)을 남겼습니다. 중생들의 삶을 구석구석 찾아다니며 진정한 삶이 무엇인지를 구체적으로 제시하고 있는 것입니다.

그중에서도 부처님은 병고病苦에 시달리는 중생들을 위해 여러 경전을 통해서 그들의 지극한 간병看病을 당부하고 있습니다. 때로는 너무나 지극정성이어서 우리를 감동케합니다.

“비구가 병들었을 경우에는 화장실과 가까운 방을 배정해주며 목욕시킬 필요가 있을 경우에는 그를 위해 목욕도구를 갖추어 주며 미음을 먹고 싶어 할 때는 언제라도 죽을 끓여주고 밤중에라도 모여서 가르침을 설하며 새벽에는 병자가 먹을 전식前食과 후식後食과 죽을 만들어 놓아야 한다.”

〈오분율五分律〉에 나오는 이 말씀은 부처님이 병자를 어떻게 대해야 하는지를 자상하게 설명하고 있는 부분입니다.

그러나 부처님이 병자에게 기울였던 관심도에 비해 불교의 사회복지 사업중 의료구제 사업은 극히 빈약한 실정입니다.

방생放生 중에서도 인간방생人間放生이 최고의 공덕이라는 말과는 달리 영류永類 중생의 방생대회는 숱하게 치르면서도 정작 가장 중요한 인간에 대한 방생을 소홀히 해왔다는 것은 문제점으로 지적해 두지 않을 수 없습니다

부처님은 〈범망경梵網經〉에서 구병救病의 공덕을 이렇게 말씀하시고 있습니다.

“불자로써 온갖 병자를 보았을 때는 언제나 이를 공양하되 부처님을 대하 듯 해야 된다. 여덟 복전福田 중에서 간병看病의 복전이 으뜸이니 부모 · 사승師僧 · 제자의 병과 몸의 불구 등 갖가지 병고를 다 보양保養해서 낫게 해야 된다. 만약 도시 · 벌판 · 산림 · 도로

에서 병자를 보고도 구하지 않는 자는 경구죄輕垢罪를 범하는 것이 된다."

「병자를 부처님 대하듯」가르친 부처님의 간곡한 부탁은 불교를 신봉하는 많은 이들에게 지대한 영향을 입혔습니다. 유마거사는 「중생이 아파하므로 자신도 따라 아프다.」는 비원悲願을 품게 되었고 〈잡비유경〉에 등장하는 살화단薩和壇 왕은 자신의 살을 베어 병자를 고치는 감동적인 일화를 남기고 있습니다.

부처님 자신도 「나를 위할 생각이 있거든 먼저 병자를 위하는 것이 좋다.」고까지 말씀하실 정도로 병고에 신음하는 중생들에게 극진한 정성을 기울였습니다. 다음 일화는 그 좋은 예입니다

한 장로 비구가 오랜 병고로 쇠약해져 여위고 몰골이 더러워져 지독한 냄새를 풍기게 되므로 아무도 그를 간병하지 않았습니다. 이에 부처님께서는 친히 찾아가 손수 병든 비구의 몸을 구석구석 씻어 주며 미음을 끓여 입안에 흘려 주고 말씀하셨습니다.

"여래가 세상에 나타난 까닭은 바로 이런 불행에 빠져 보호받지 못하는 사람을 구하기 위함이니 누구건 병든자 가난한자 고독한 자등을 공양하면 그 복이 무한해서 소원이 뜻대로 이루어지고 점

차 공덕이 차면 마땅히 깨달음을 얻으리라."

〈법구비유경法句譬喩經〉에 있는 말씀입니다.

지금 우리사회는 질병에 시달리는 중생들이 도처에서 신음하고 있습니다. 더욱이 돈이 없어 생명의 불꽃이 쓰러질 위기에 처해있는 사람도 있고 누군가의 손길을 다급하게 기다리는 불우한 환자들도 있습니다.

눈물겨운 투병생활에 지쳐 삶의 의욕을 잃어가는 경우도 많습니다. 부처님의 뜻을 받들어 이들을 건강하고 행복한 삶으로 가꾸어 주는 것, 그것이 불자들이 이 시대에 해야 될 가장 중요한 종교적 사업입니다.

회암 부산 녹야원 주지

포교의 사명

부처님의 십대제자 중에 설법제일로 잘 알려진 부루나존자께서 티끌세상을 벗어나 고요한 숲속에서 수행하는 비구들을 만났습니다. 존자는 비구들에게 이렇게 말했습니다.

"힘써 수도하시는 고매한 정신과 탁월한 인격에 감동했습니다. 다만, 그대들이 부처님 법을 널리 펴는 일에 무관심한 것 같습니다. 왜 중생들 틈에 끼어서 그들과 같이 생활하며 그들을 제도하려 하지 않습니까?"

존자의 물음에 수행 비구들은 이렇게 대답했습니다

"존자여. 진리의 길이라해서 모든 사람이 다 가는 것은 아닙니다. 고통받을 만큼 받고 나서야 인연이 닿아 비로소 불법에 귀를 기울이게 되는 것이 아닐까요? 그들의 죄업이 두터워서 그런지 포교를 하려했으나 들으려 하지 않습니다."

오늘날 우리의 포교현실 속에도 똑같은 생각을 갖는 분이 있다면 부루나존자의 계속되는 다음의 말을 들어볼 필요가 있습니다.

"불법을 널리펴서 중생을 제도한다는 것이 쉬운 일이 아닙니다. 그들은 스스로 배우려 들지 않습니다. 그러나 부처님의 은혜에 보답하는 일은 한순간도 게을리해서는 안될 것입니다. 그것은 출가한 우리의 의무이며 사명이므로 어렵다고해서 손을 놓고 있다면 그런 사람을 어떻게 참된 수도인이며 부처님의 제자라 할 수 있겠습니까?"

부루나존자의 말씀은 불자가 해야할 가장 중요한 일이 무엇인가를 단적으로 말하는 것이라 할 수 있습니다. 그것은 두말할 필요도 없이 부처님의 가르침을 널리 펴는 것입니다.

전법은 꼭 출가자의 몫만은 아닙니다. 모든 불자가 해야할 사명이기도 합니다. 재가불자도 전법에 나서야 합니다. 재가자가 어떻게 남을 위해 좋은 설법을 할 수 있을까, 이런 의문을 갖는 사람은 존자의 기원을 음미해 볼 필요가 있습니다.

"나도 잘 모르겠오. 그러나 설법하기 전에 반드시 부처님께 기도를 합니다. '부처님 도와주시옵소서. 크나큰 자비와 한량

없는 지혜로 이들에게 믿음과 큰 힘을 주옵소서. 남들이 나를 알아주기 보다는 오직 부처님의 수승한 덕과 지혜가 알려지도록 도와주십시오’ 이렇게 기도합니다. 부족한 내가 어떻게 사람들을 감동시킬 수가 있겠소. 그들이 감동하는 것은 오직 부처님의 진리 때문입니다.”

이 말을 다시 풀어보면 설법이란 자기의 소견을 말하는 것이 아니라 부처님의 가르침을 대신 전달하는 것이어야 한다는 것입니다. 이런 자세를 가지면 누구든지 불법佛法의 진실을 전달할 수 있습니다.

설법은 ‘부처님의 가르침을 말하는 것’ 입니다. 좋은 설법을 위해서는 많은 지식과 뛰어난 변재도 중요합니다.

그러나 더욱 중요한 것은 부처님의 가르침을 몸에 익혀 만나는 사람마다 인격적인 감동을 주는 것입니다.

부루나존자가 「설법제일」의 칭호를 들을 수 있었던 것은 오직 불법을 전하겠다는 진실한 사명감에 있었음을 간과해서는 안됩니다.

“진리에 눈 뜬사람은 그것이 사실이요 진리이며 더구나 상대를 위하는 것이라면 아무리 상대를 불유쾌하게 하는 일이라도 말해야 한다.”

〈중아함경〉에서 말한 부처님의 가르침은 설법자의 자세에 대한 충고입니다. 이웃의 새로운 삶, 불법에 의지하는 옳은 삶을 위해 부처님의 가르침을 전하는 일이야 말로 불자佛子가 되는 제일조건입니다.

전법의 사명을 포기하는 사람은 팔만대장경을 거꾸로 암송한다 해도 참다운 불자라 할 수 없습니다.

효림

1952년 출생
1968년 범어사에서 소천스님을 은사로 득도
1994년 조계종 개혁회의 의원
보광사 주지 · 불교신문사 사장
실천불교 승가회 의장

如實하게 보자

「정법계진언(淨法界眞言)-옴남, 옴남, 옴남」

현실을 바라보는 눈은 제각기 다릅니다. 자신이 살아온 환경과 학교에서 받아온 교육관이 크게 작용하는 탓이기도 합니다. 그리고 그러한 환경과 교육관은 자신의 삶속에 주관적인 인식의 틀로 정형화定型化되기 일쑤입니다.

인식의 틀이 현실에 있어서 보다 문제에 본질적으로 접근할 수만 있다면 사람들은 화평을 구가하며 문제를 쉽게 풀어내는 기지를 발휘할 것입니다.

그러나 최근 신문과 방송에 오르내리는 현실상황은 그렇지 않은가봅니다. 학생은 학생들대로 민족통일, 민중해방을 외치며 거리로 나서려고 하고 이를 저지하는 경찰들을 최루탄을 무차별 난사합니다.

어떤 사태를 해결코자 하는 방법에 폭력이 동원되고 경찰이 개입합니다

이를 가리켜 달리 무어라 꼭 집어낼 수 야 없지만 기본적인 인식의 거리를 좁히지 못한다는 분석을 내릴 수 있겠습니다.

통일을 원한다는 데는 어느 누구도 반대하지 않습니다. 절박하다거나 차근차근하게 다가 서자는 정도의 차이만 있을 뿐입니다. 노사분규에 있어서도 마찬가지입니다. 그것이 근본적 해결이나 단계적 해결이냐는 정도의 차이만 있을 뿐입니다.

여기에서 제기되는 것이 인식입니다. 무엇을 어떻게 보고 있길래 그러한 인식을 갖게 되었느냐는 것입니다.

또한 그러한 인식 때문에 왜 우리는 갈등해야 하는 현실문제를 낳았느냐는 것입니다

얘기가 엉뚱한 방향으로 흐르는 것 같지만 〈아함경〉에 나오는 한구절을 떠올려 봅시다.

"일천강물이 다 바다로 흘러가듯이 일만 백성이 다 여래의 품안으로 들어오리라."

일천강물이 바다로 흘러 합류하면 옛 강물의 이름은 잊혀진다고 했습니다. 인간의 신분도 일단 여래의 품안으로 드어오게 되면 평등해 진다는 교설입니다. 이 말은 천민계급을 교단에 받아들이면서 제자들을 설득했던 부처님 말씀입니다. 기생이 되었든 숱한 인간을 살상한 살인자였든 부처님은 교단에 받아들이셨습니다. 다시 말하면 신분과 계급, 이념을 초월한 부처님의 인간해방의 선언이었습니다.

통일문제의 기본적 인식도 민족동질성 회복 차원에서 이루어져야 합니다. 왜냐하면 허리가 잘려 갈라져있어 이를 자국自國의 이익에 철저히 이용하는 외세의 발굽아래 남북한 우리 민족이 고통받고 있기 때문입니다.

통일의 장애요인이 체제와 이념일 수가 없습니다. 그것은 부차적 문제입니다. 부처님이 종자를 묻지 않고 모든 이를 포섭하였듯 그러한 도량으로 통일문제에 가깝게 접근해야 할 것입니다.

지금 우리 사회와 우리 교단의 실태를 돌아보고 진정한 이한 몸 대승보살정신으로 나투어 처음 부처님 당시 이룩했던 삼보교단으로 돌아가야 합니다. 현재 우리 교단엔 스님만 있지 부처님과 법은 없습니다.

모두들 불佛·법法·승僧 삼보가 구족했을 때 교단도 바로 서고 사부대중이 화합의 길로 나아가게 된다는 점을 새롭게 인식해야 합니다. 정법계진언 옴남.

興教

1942년 출생
1959년 동산스님을 은사로 득도
1986년 범어사 주지
봉익동 대각사 주지
1989년 대한 불교신문 발행인

겸손한 마음

어떤 사람이 죽어서 지옥구경을 하게 되었습니다. 그 지옥에 있는 사람들은 모두 허리에 무거운 돌덩이를 하나씩 지고 있었습니다. 지옥의 형리刑吏에게 저 사람들은 무슨 죄를 지었길래 돌덩이를 지고 있느냐고 물었더니 이렇게 대답을 했습니다.

"저들은 인간세상에 살때 너무 교만해서 누구에게도 허리를 굽혀본 적이 없었다. 그들은 이유없이 남을 깔보고 분수에 넘친 지위를 누렸다. 허리에 돌덩이를 올려놓은 것은 뻗뻗한 허리를 굽혀 겸손을 가르치기 위해서다."

러시아 우화에 나오는 얘기입니다.

인간이 지녀야 할 여러 가지 미덕美德중에 겸손만큼 중요한 것은 없습니다. 겸손은 사람을 온유하게 만듭니다. 불평이나 원망없이 어디를 가나 봉사하는 자세를 갖게 합니다.

겸손의 반대는 교만입니다. 교만한 사람은 남을 불쾌하게 만듭니다. 자신의 잘못은 생각지 않고 잘못을 남의 탓으로 돌리려고만 합니다. 어떤 경우도 자신은 잘못하지 않았다는 생각은 화합을 깨고 이웃을 피곤하게 만듭니다.

부처님의 가르침은 인간의 교만을 조복받고 겸손을 몸에 익히도록 하는 것입니다. 출가 수행자가 탁발을 하도록 한 것은 인간심성에 뿌리깊게 자리한 교만을 조복받기 위해서입니다. 부처님 앞에 오체투지五體投地를 하는 것도 교만을 조복받기 위한 것입니다.

교만한 마음이 생기는 것은 아집我執 때문입니다. 「나」라는 생각我相에 사로잡혀 있으면 사물을 객관적으로 볼 수 없습니다. 늘 자기 중심으로 생각하기 때문에 자기이익에 합당치 않은 것은 무조건 잘못됐다고 믿습니다. 정견正見을 갖지 못하는 것입니다.

인간이 미망에 허덕이고 세상에 온갖 부조리와 모순이 횡행하는 것도 따지고 보면 내가 아니면 안 된다는 어리석은 아상我相에 기인합니다. 그래서 〈금강경〉은

"아상我相에 사로잡힌 사람은 영원히 최고의 진리를 깨달을 수 없다."

고 경고합니다. 반대로 겸손을 실천하는 사람은 반드시 미래에 부처님이 될 것이라고 〈법화경〉은 약속하고 있습니다.

〈법화경〉 상불경보살품常不輕菩薩品은 겸손을 실천하는 사람의 자세가 어떠해야 하는가를 극명하게 보여주고 있습니다. 상불경보살은 일체중생을 향해 언제나 공경과 예배를 하였습니다.

"당신은 미래의 부처님이십니다. 나는 미래의 부처님인 당신에게 예배합니다."

상불경보살이 이웃에게, 심지어는 자기를 비난하고 못살게 구는 사람에게 조차 예배하는 이유입니다.

모두가 다 청정한 불성佛性을 갖춘 부처님인데 어떻게 그를 미워하고 속일 수 있겠으며, 내가 어찌 부처님 앞에서 교만할 수 있겠느냐는 자세입니다. 자기를 낮추는 사람에게 「미래의 부처님」 자격이 주어지는 것은 당연합니다.

불교의 가르침과 수행방법은 자기를 낮추기 위한 것, 아상我相을 버리기 위한 것 외에 아무 것도 없습니다.

철저히 자기를 낮추고, 남을 위해 희생하고 봉사하는 사람만이 인격의 완성을 성취할 수 있습니다.

이웃과 싸워야 할 때, 남을 비난하고 싶은 생각이 날 때, 증오의 감정이 화산처럼 끓어오를 때 항상 남을 가볍게 보지않는 〈법화경〉의 상불경보살常不輕菩薩을 떠올릴 일입니다.

지금 내가 누리는 자리는 누릴만한 합당한 자격을 갖추었는가. 아이들의 부모로써, 회사의 간부로써 부족한 점은 없는가. 누리기만 하려는 교만은 자신과 이웃의 삶을 파탄으로 이끌기도 합니다.

부족한 줄 알고 겸손해야 부끄러움이 줄어듭니다.

자신의 교만이 몇근이나 되는지 무게를 달아 볼 일입니다.

名설법 名법문(Ⅱ)

2007년 5월 26일 인쇄
2007년 6월 12일 발행

편　자 / 佛教新聞社
펴낸이 / 金 正 信
펴낸곳 / 弘 法 院
기　획 / 金 大 圓
교　정 / 金 摩 耶, 賈 知 英
주　소 / 서울시 종로구 견지동 55-2
전　화 / (02)734-7614
(02)739-8745
팩　스 / (02)735-2344
등록번호 / 제1-450호 1968년 5월 20일

정 가/25,000원